図解

とりあえず日経新聞が読める本

UNDERSTANDING THE NIKKEI

WRITTEN BY
HIROYUKI
YAMAMOTO

—

山本博幸

Discover
ディスカヴァー

☑ 最低限、知っておくべき基本を押さえよう

みなさんは、わかりやすいと人気の学者の先生の面白い経済解説を聞いて、「なるほど！」と膝を打ったことがあるでしょう。なのに、30分後に思い出そうとすると、話の筋まで曖昧になってしまったことはありませんか？

また、せっかく会社の会議で発言できるようにと経済の勉強を意気込んでみたものの、三日坊主に終わったという経験はありませんか？

これらは、経済の**基本の基本となる知識が身についていないのが原因です**。

多くの人は、日本経済の大きさや成長率も知らないと思われます。日米の10年国債の利回りもわかりません。原油や金の値段も見当がつかないのです。

しかし、金利、為替、貿易収支、失業率などの数字がわからなくては、世の中の流れをつかむことは不可能です。

ではみなさんは、基本の基本となる数字を知っていますか？

日本のGDPの大きさを言ってみてください。

失業率、10年国債の利回り、金価格、原油価格を答えてみてください。

日本経済の実質成長率はどのくらいですか？

ＩＭＦが３ヶ月に一度、世界の経済成長率と各国別成長率を公表し、日本でも全国紙が詳細に報道していますが、そのことを知っていますか？

いま、ほとんど知らなかったとしても、心配はいりません。**本書を一読すれば、世界で起きていることが手に取るようにわかるようになります。**

実際の経済社会を理解するには、簡単な拡大鏡が必要だっただけです。それが、この本です。綿密に深く学ぶ必要はありません。一方で、顕微鏡や望遠鏡を使うように深く綿密に学びたい方も、この本をひととおり読んでおくと、日経新聞を読むのがとても楽になります。

本書では、みなさんが押さえておくと役に立つ数字や用語を厳選して、わかりやすく噛み砕いてお伝えしていきます。ゆっくり読んでも3日です。二度ほど読めば鬼に金棒です。

しかし、経済現象は日々、変化していきます。

この本で覚えた数字は、毎週、日経新聞や日経電子版、Webサイトでチェックして定期的にアップデートしましょう。そうすれば、みなさんも職場で一目も二目も置かれる存在になるはずです。

＊本書の内容は、原則として２０１８年２月現在です。

☞ 最新の数字は日経電子版「経済指標ダッシュボード」でチェック！

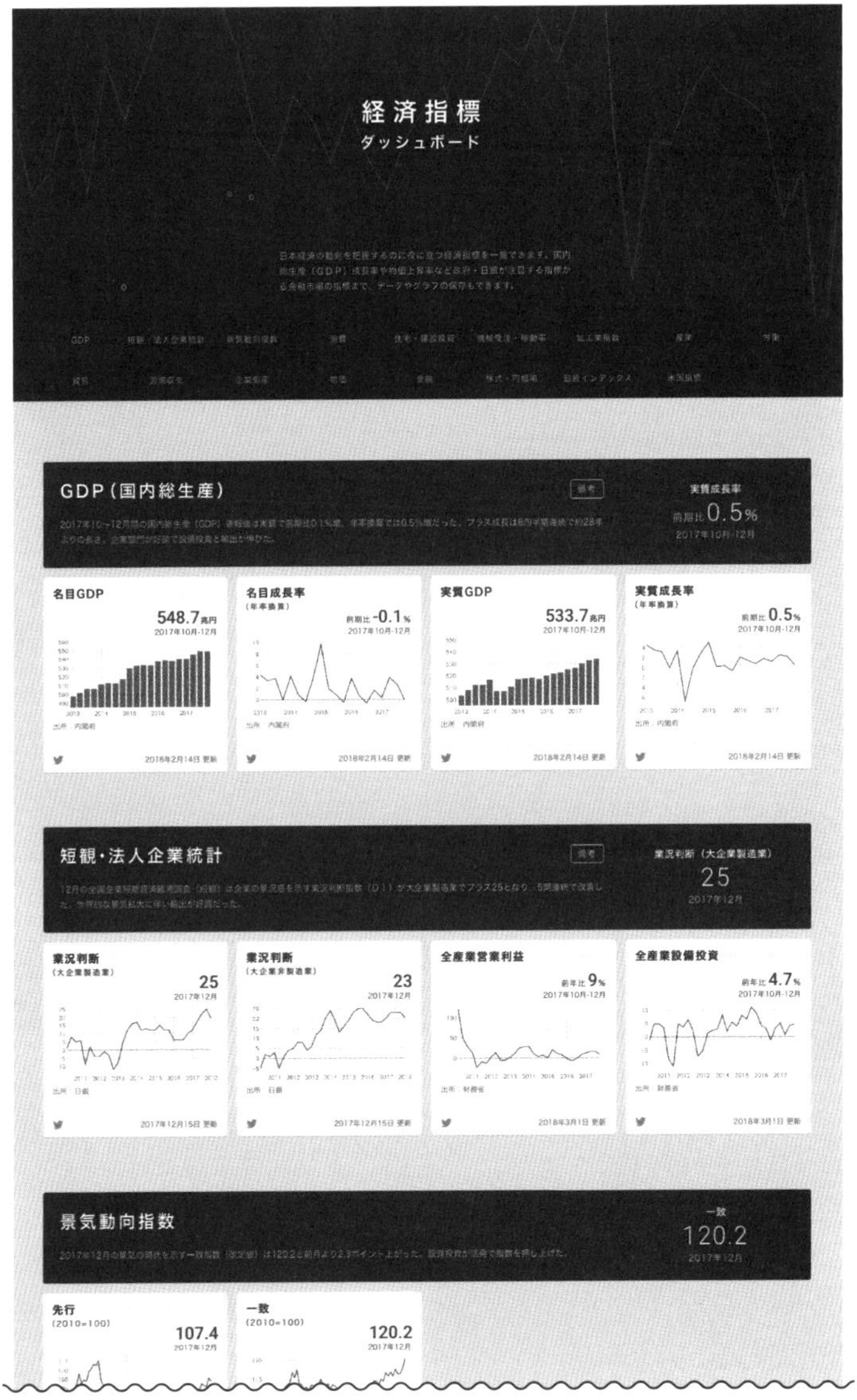

＊vdata.nikkei.com/economicdashboard/macro/

☞ CONTENTS

PART 1 「経済数字の基本のキ」を身につけよう

CHAPTER

1 これだけはチェックしておきたい経済数字

CHAPTER

2

日経新聞のデータ欄をインプットしよう

CHAPTER

3

知っておくと記事を深読みできる数字

PART 2 日本経済が身近になる読み方のコツ

CHAPTER 1 知っていたら日経新聞が楽に読めるコツ

CHAPTER

2

今さら聞けない〝あの〟話題の基本を押さえよう

PART 1

UNDERSTANDING THE NIKKEI

キ」を身につけよう

類似の商品が〇万個売れていますので、それを目指します！
それはあくまでも過去の数字だから、根拠としては弱いな…
〇万軒ある全国のコンビニに、この商品が10個入る特製のラックをおきます！テレビでCMを効果的に打って…
やるじゃん！

「経済数字の基本の

日経新聞で数字に強くなれば、仕事に活かせる

PDCAサイクルを数字とともに回していく

日経新聞で数字に強くなれば、そのスキルを仕事に活かすことができます。ビジネスはすべて数字をもとに判断し、行動することが大事だからです。

「数学は苦手」という人もいるかもしれませんが、心配は無用です。難しい計算や方程式は必要ありません。

たとえば、スーパーマーケットでは紙おむつと缶ビールが一緒にまとめ買いされることが多いことをご存じでしょうか。

紙おむつはかさばるので、30代の若いパパが買い物担当になることが多いようで、そのときに自分のビールも一緒に調達する傾向があるそうです。

売上のデータからこのことを発見したあるスーパーは、紙おむつ売り場の横に、特設の缶ビールコーナーを設けました。

もちろん狙いは大成功。売上データをもとに検証された「紙おむつと缶ビールの関係」は、今では小売業の常識になっています。

また、ある大手コンビニでは、港の近くの店舗で、夏の暑い土日に梅干しのおにぎりの売れ行きがよく、欠品が多発したそうです。

その情報を分析すると、高温になる真夏の船上では、コンビニ弁当や足が早いイクラの入ったおにぎりよりも、暑くても傷みづらい梅干しが選ばれるということがわかりました。

このコンビニチェーンでは、地域性と天候、数字の異常値から、早速、仮説を立てて、釣り船の出るような港の店舗では、土日に梅干しのおにぎりを大量に仕入れて、需要をうまく取り込んだそうです。

このように、ビジネスには「数字」が大きく

数字をもとにPDCAを回す

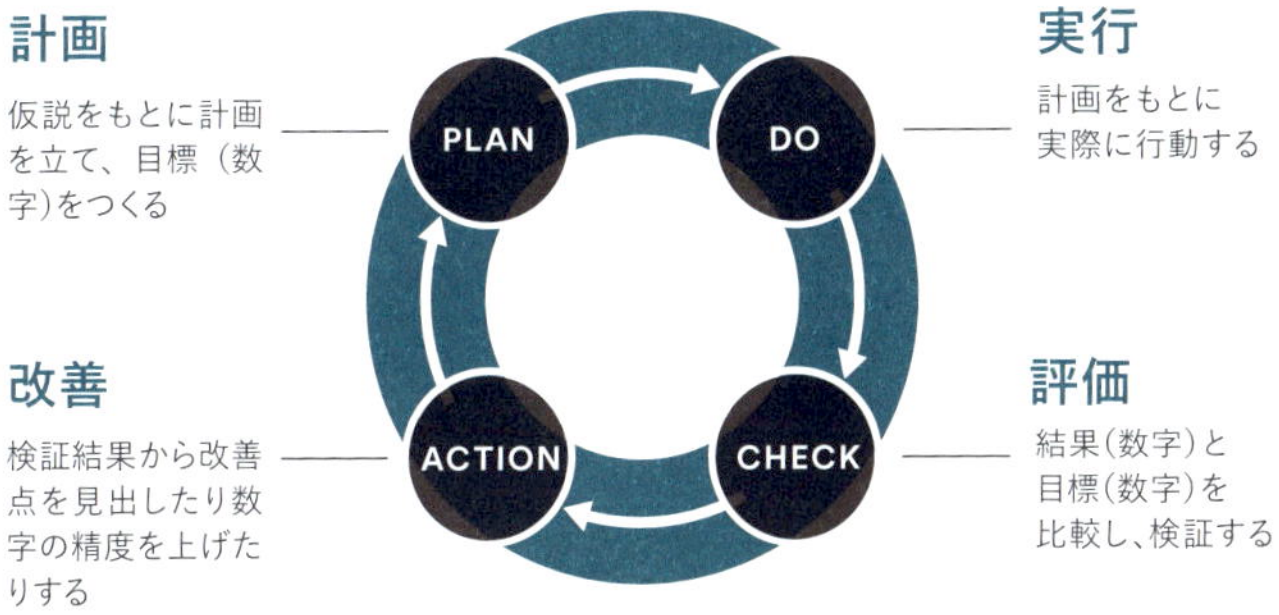
計画
仮説をもとに計画を立て、目標（数字)をつくる
実行
計画をもとに実際に行動する
PLAN
DO
CHECK
ACTION
改善
検証結果から改善点を見出したり数字の精度を上げたりする
評価
結果(数字)と目標(数字)を比較し、検証する

かかわってきます。その**数字から仮説を立て、実行。それを検証することで、結果を出すことができるようになる**のです。

たとえ数字から立てた仮説が外れ、成果が出せなかったとしても、数字の精度を向上させたり、別の数字から検証し直すことで、結果が出る可能性が高くなります。数字は、検証可能な科学性の根拠となるものです。

つまり、ビジネスで不可欠なＰＤＣＡサイクルは、数字を確認しながら進めていくのです。数字を基準にすることで、ヤマ勘で当てた場合と違って、再現性が高くなります。

数字を読む際の３つのコツ

日経新聞を読む際も同じです。数字に注目しながら記事を読むことで理解が深くなりますし、数字に強くなっていきます。数字に強くなれば、現実のビジネスにも役立つことは間違いありません。

このＰＡＲＴⅠでは、みなさんが日経新聞が読めるようになるために必須の「経済数字の基本のキ」について紹介します。

まずは「数字を読む際の３つのコツ」からお話ししましょう。

コツ1　過去の数字はどうだったか

最新の数字につねにアップデートすることも大事ですが、過去の数字、できればこの10年間の数字の推移を追ってみてください。

「推移している数字から読み取れることは何

数字に注目すると、よいことがスパイラルで起きる

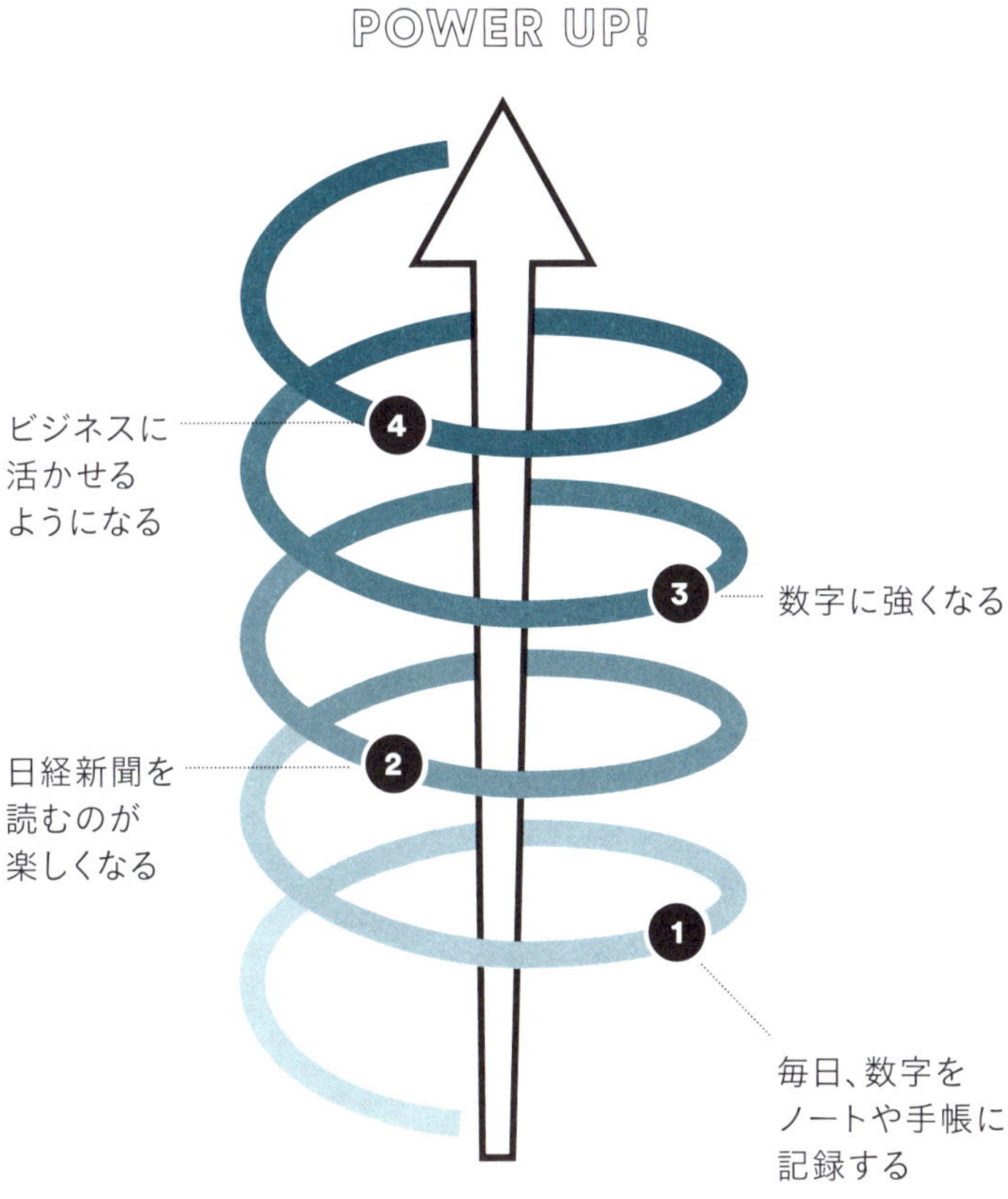

か」「その原因として何が考えられるか」にまで思いがはせられると、あなたも上司から一目置かれるようになるでしょう。

コツ2 年齢・地域などの属性別に見た数字はどうなのか

数字は、調査対象者の年齢や地域性によって異なってきます。そのため、属性別に分析しましょう。

たとえば、平均給与が日本一低い地域、地価が日本一低い地域を見つける。そこになんらかの相関があれば、その背景として何が考えられるかなど、「横比較」を心がけることで、新しい仮説が生まれます。

コツ3 他国の数字はどうなのか

国内の数字を見たら、「この数字は、海外ではどうなのか？」を気にしましょう。

人口や面積はもちろん、GDP（☞P.20）、1人当たりのGDP（☞P.24）、実質成長率の推移までわかれば一応合格です。さらにGDPの構成要因、そのうち何が伸びているのかを見ることまでできたらすばらしい。

また、**日々の数値を手帳やノートに書き留める習慣を持つ**ことをおすすめします。私の知人には、数十年にわたって金利、為替をはじめ、海上運賃まで記録を取っている人もいます。

一日数分でできますので、ぜひ今日から始めてみてください。

UNDERSTANDING THE NIKKEI

PART 1

これだけはチェックしておきたい経済数字

№1 ↓ №8

CHAPTER 1

№1

まずは、「GDP」で経済状態を測ろう

「GDP」でその国の健康状態がわかる

この章でご紹介する経済数字は、ほとんどを日経電子版の「経済指標ダッシュボード」（☞P.5）で見ることができます。つねに最新の数値をチェックしましょう。

その中でも、特に重要な指標はGDP（国内総生産）です。

GDPは、いわば経済状態を測るバロメーターのようなもの。**「1年間にその国で生み出された財・サービスの付加価値額の合計」**で、プラスになったか、マイナスになったかで経済状態を見ていきます。

ちなみに、このGDPは今から80年以上前、米国の経済学者クズネッツが考え出しました。クズネッツは1971年にノーベル賞を受賞していることでも知られています。

世界で毎年3％以上の成長が理想値

体重は増え続けるのも減り続けるのも問題で、ベスト体重を保つのが理想的ですよね。

しかし、経済は違います。ＧＤＰは、前年より大きくなれば「経済が成長している」と判断されますので、前年と同様であれば「停滞」と判断されてしまうのです。

とはいえ、経済成長が急激すぎるのも問題です。**大幅なプラスが続く、逆に大幅なマイナスが続く、また保ち続ける（停滞）のも問題**なのです。

順調と判断されるのは、おおむね先進国で1～3％、新興国なら5～7％程度。世界全体では毎年3％以上の成長がないと危険と言われています。ＩＭＦ（国際通貨基金）によると、現在は3％をやや超えているので、何とか安心という状態でしょう。

また、ＧＤＰには、**「名目」と「実質」という2種類の数字があります。現在、日本のGDPは、両方とも500兆円強です。**大ざっぱに500兆円とインプットしておきましょう。

ちなみに、ここ四半世紀の間、日本のＧＤＰはずっと500兆円です。つまり、日本経済はずっと停滞しているということになります。

GDPの値はここをチェック！

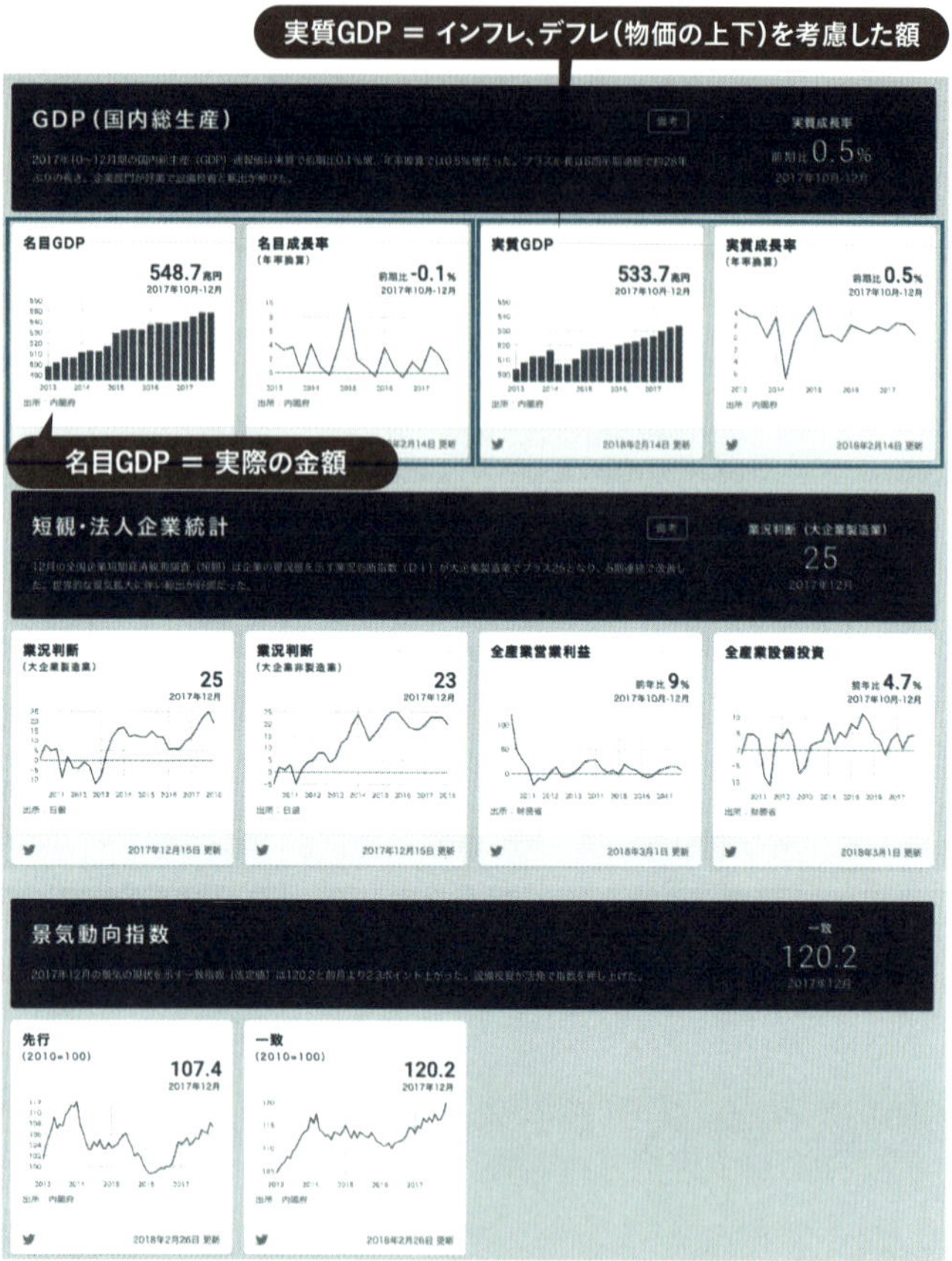

＊日経電子版「経済指標ダッシュボード」より

順調な経済のためには世界全体で ☞ **3％の成長率が必要**

☞ GDPは経済状況を測るバロメーター

GDP
国内総生産

＝ 1年間にその国で生み出された財・サービスの付加価値額の合計

↓

たとえば、 パンを販売するA社 と アイスを販売するB社の2社しかない国の場合

100円で材料を仕入れ、150円のパンを販売。
1年間に販売したパンは200個。

➔ 生産量：（価格150円 － 仕入額100円）× 販売200個 ＝ 1万円

80円で材料を仕入れ、100円のアイスを販売。
1年間に販売したアイスは1,000個。

➔ 生産量：（価格100円 －仕入額80円）× 販売1,000個 ＝ 2万円

GDPは、
A社の生産量 1 万円 ＋ B社の生産量 2 万円 ＝ 3万円

INPUT!!

日本のＧＤＰは ☞ **大ざっぱに500兆円**

No 2

グローバルな視点で、GDPを見直してみよう

「1人当たりのGDP」でその国の豊かさを見る

16〜18ページで、数字を読む際は「過去」「属性」「他国」に興味を持つべしと紹介しました。この中の「属性」と「他国」は、数字を見る視点を変えてみることでもあります。

GDPの場合、「他国と比べて日本の数字はどうか」、つまりグローバルな視点から数字を見直してみることを意味します。

とはいえ、単純にGDPを比較するだけでは、正しい経済状況を知ることは難しくなります。国によって人口がまったく違うからです。

その国が豊かか貧しいかを知りたい場合、「1人当たりのGDP」がどのくらいかを比較するようにしましょう。

たとえば、中国は日本のGDPを抜いたとニュースになりましたが、中国の人口は日本の10倍です。1人当たりGDPで見ると、中国は日本の5分の1となります。

日本のGDPをドル建てで見てみると?

日本ではGDPを円表示としていますが、IMFではドルを使って比較しています。では、日本のGDPをドル建てで見るとどうなるでしょうか。

日本のGDPは、四半世紀ほど500兆円であまり変わっていません(☞P.21)。ところがドル建てで見ると、菅直人元首相、鳩山由紀夫元首相の頃に6兆ドル程度だったGDPが、現在では5兆ドル弱と減ってしまっています。

安倍晋三さんが首相になってから景気がよくなったと言われていますが、**ドル建てでいえば経済規模が小さくなっている**ということです。

1人当たりのGDPも、1995年には世界第3位だったのが、現在は22位とかなり下がっています。ちなみに1位は欧州の小国、ルクセンブルクが独走中です。

なお、GDPを構成する要素は、国によってさまざまです。**わが国は個人消費が60%程度**もありますので、個人消費がGDPを押し上げているといえます。

（単位：米ドル／2016年データ）

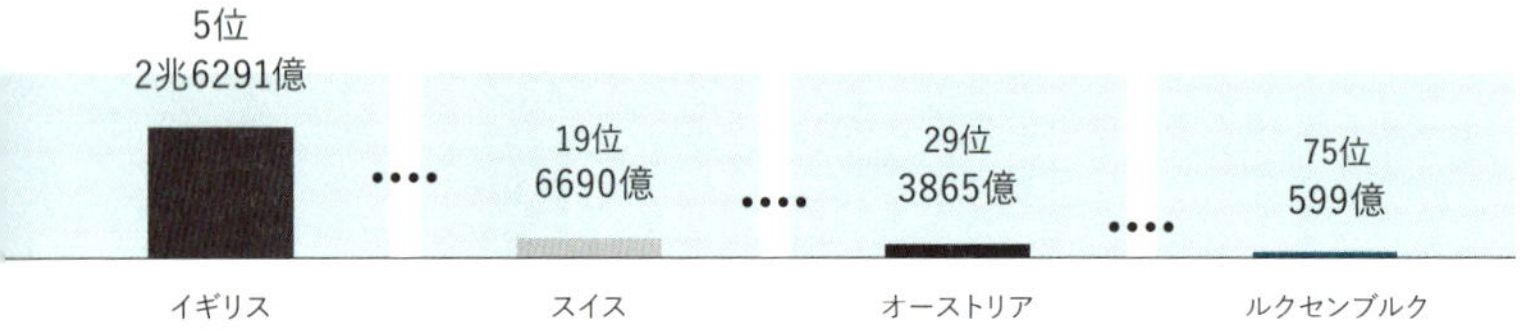

（単位：米ドル／2016年データ）

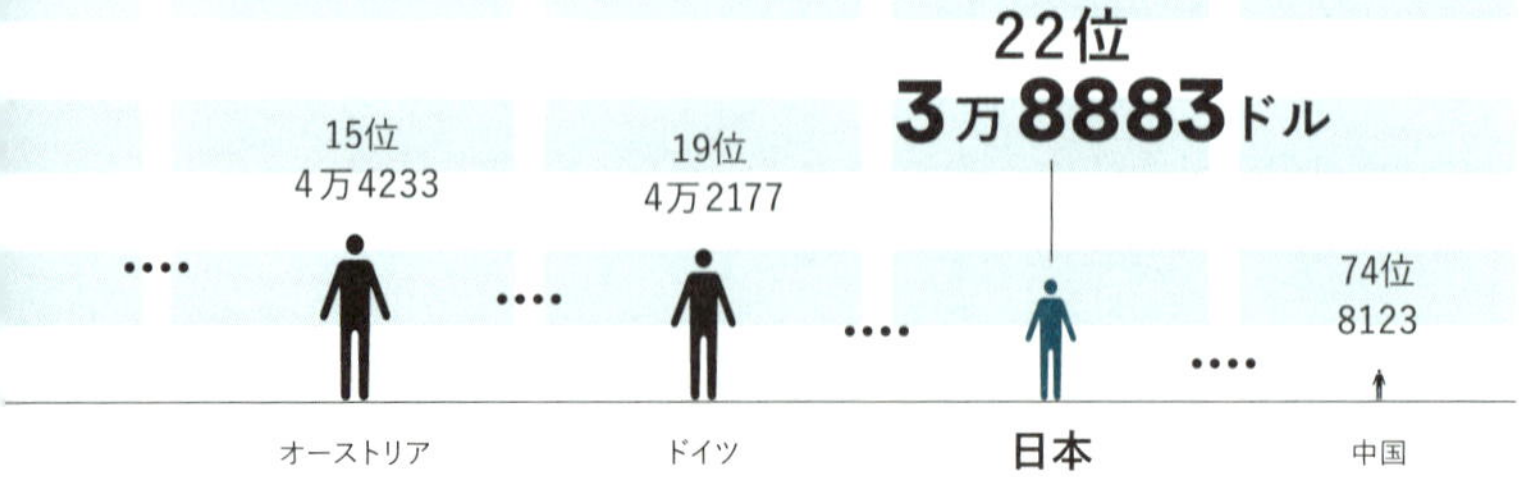

＊「IMF 世界経済見通しデータベース 2017 年 10 月」より作成

日本のGDPの構成のうち ☞ **60％は個人消費**

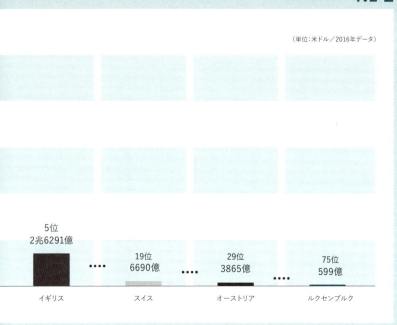

☞ GDPを「1人当たり」で見てみると？

世界各国の名目GDP

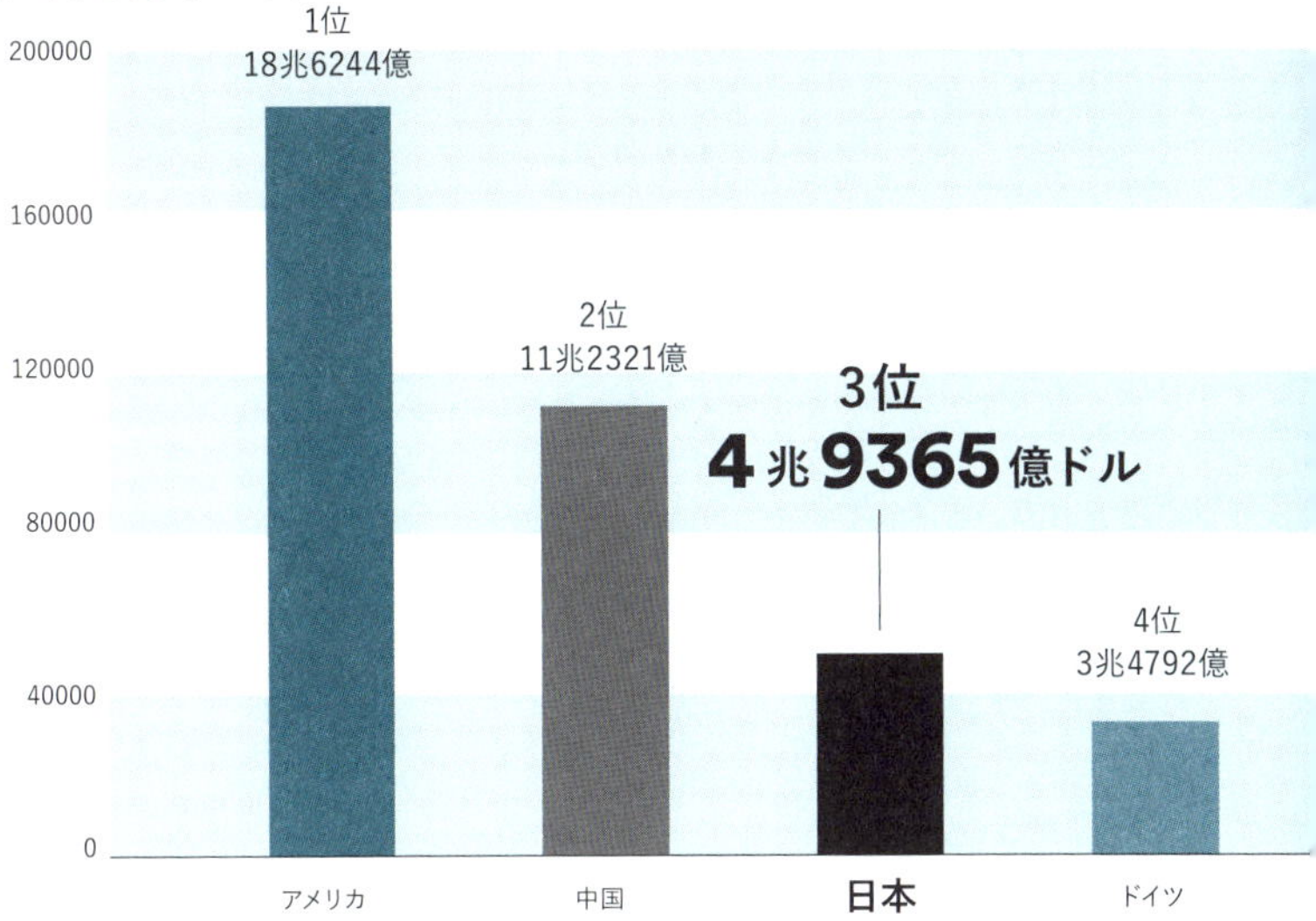

世界各国の1人当たりのGDP

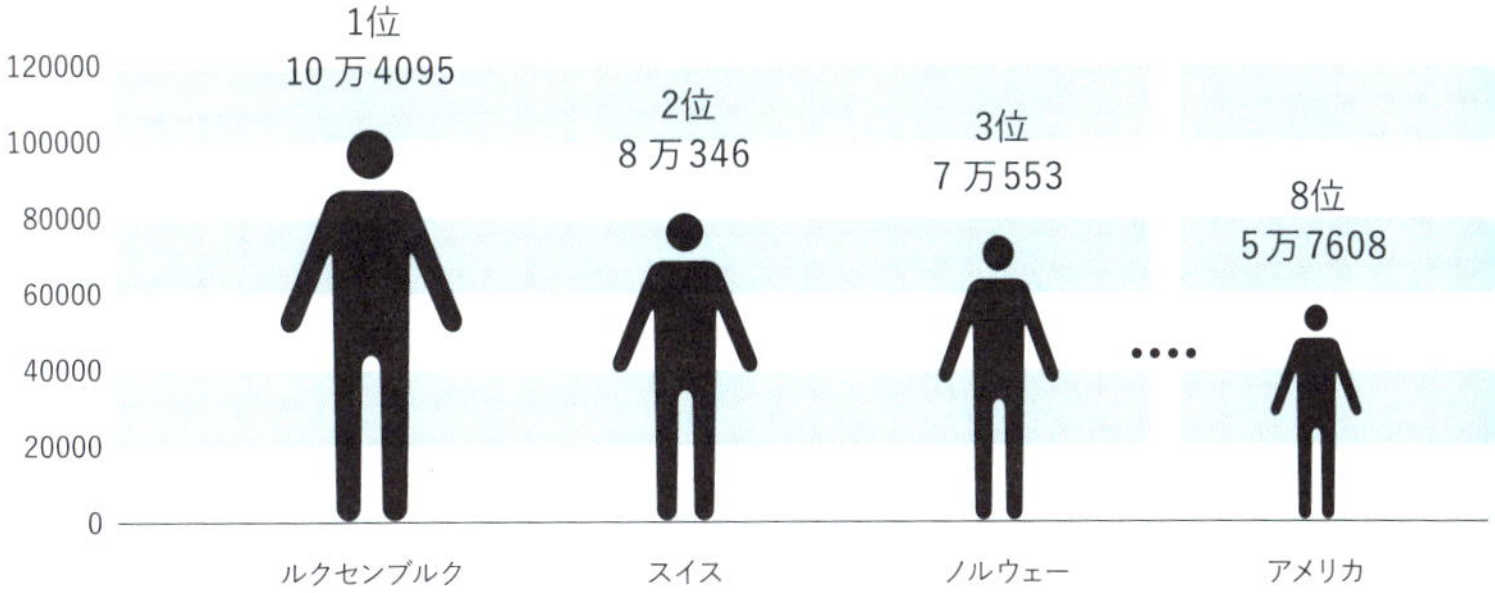

INPUT!!

日本の1人当たりGDPは ☞ **世界で22位**

№3 日本の「輸出額」と「輸入額」、多いのはどっち？

日本はずっと貿易黒字国だった？

突然ですが、日本の貿易額はいくらぐらいか知っていますか？　２０１６年の数字は、輸出70兆円、輸入66兆円です（財務省発表、http://www.customs.go.jp/toukei/suii/html/nenbet.htm）。

「経済指標ダッシュボード」には月々の輸出・輸入額が掲載されているので、［輸出額－輸入額］を計算すると、黒字か赤字かがわかります。ＧＤＰと同様、**大まかな貿易額と赤字黒字の背景はいつも気にしておきましょう。**

みなさんは学校で「資源の乏しいわが国は、いわゆる加工貿易で国を保っていた」と習ったと思います。外国から集中豪雨的輸出を強く非難されたこともあるため、わが国はつねに貿易黒字の国という印象を持っているかもしれません。

しかし、実は2011年くらいから赤字に転落していました。東日本大震災後の福島第一原発の事故で、天然ガスの輸入代金がかさみ、一説には年間3兆円ほど増加しました。2015年まで赤字の状態が続いていましたが、2016年にようやく黒字を回復したのです。

東京オリンピックの翌年に、戦後初めて黒字に転換

先述の財務省のホームページでは、第二次大戦後の1950年から今日までの貿易収支の詳細を見ることができます。

1950年の輸出入額を見ると、輸入は3480億円、輸出は2980億円と、かなりの貿易赤字を計上しています。この傾向はしばらく続き、先の東京オリンピックの翌年（1965年）に、戦後初めてわずかながら輸出が輸入を上回ったのです。

その後、オイルショックなどを経験しながらも、わが国は外貨を貯め込み、海外投資も拡大して、現在は世界有数の外貨準備高と**世界第1位となる対外純資産**を誇っています。

おかげで、わが国の公的債務（借金）はGDPの2倍以上あるにもかかわらず、円は世界の安定通貨として有事には世界中から頼りにされているのです（☞P.79）。

1950〜2016年の貿易黒字・赤字

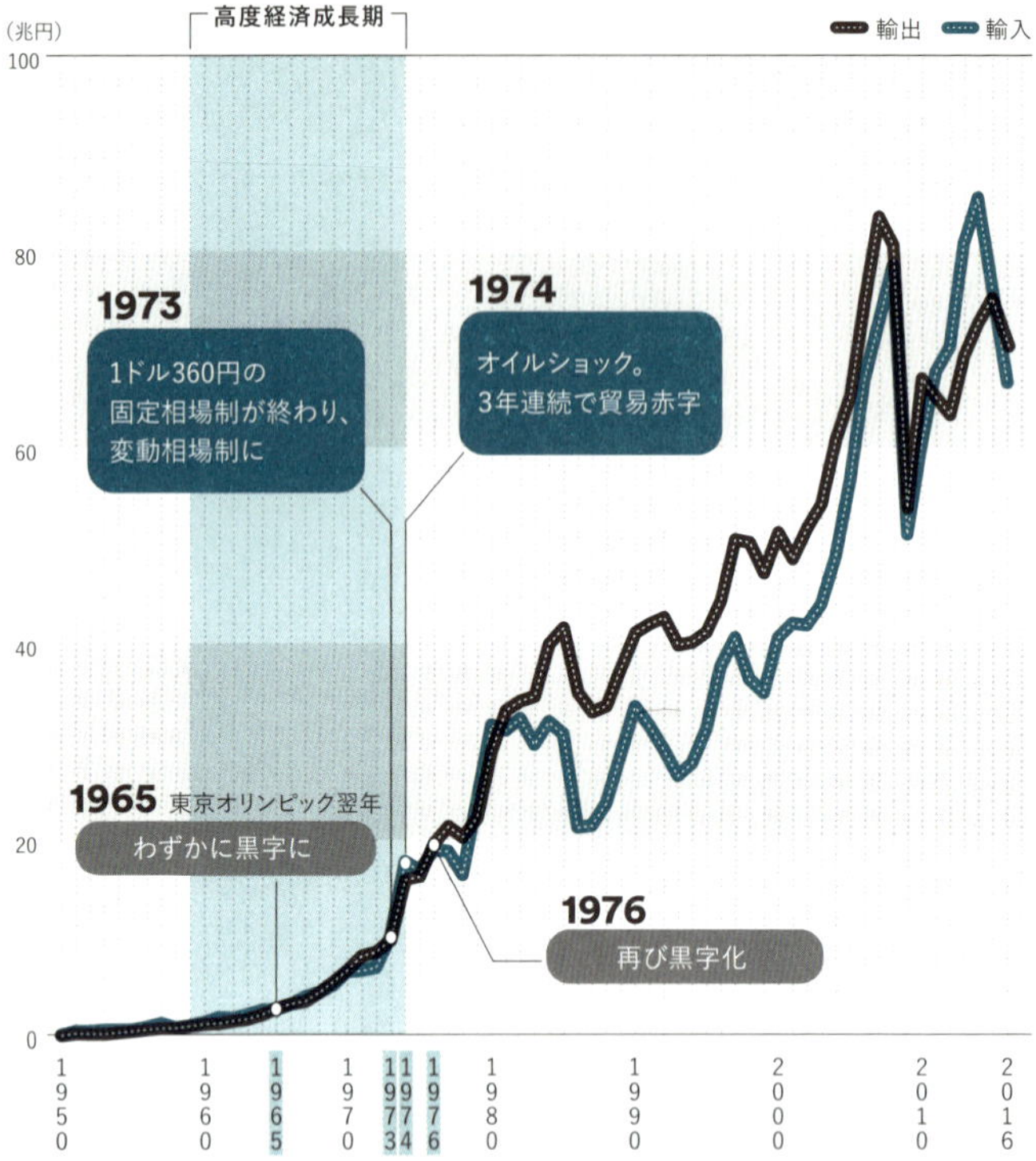

＊財務省ホームページより

2016年の貿易黒字額は ☞ 4兆円

☞ 日本の貿易額はここをチェック！

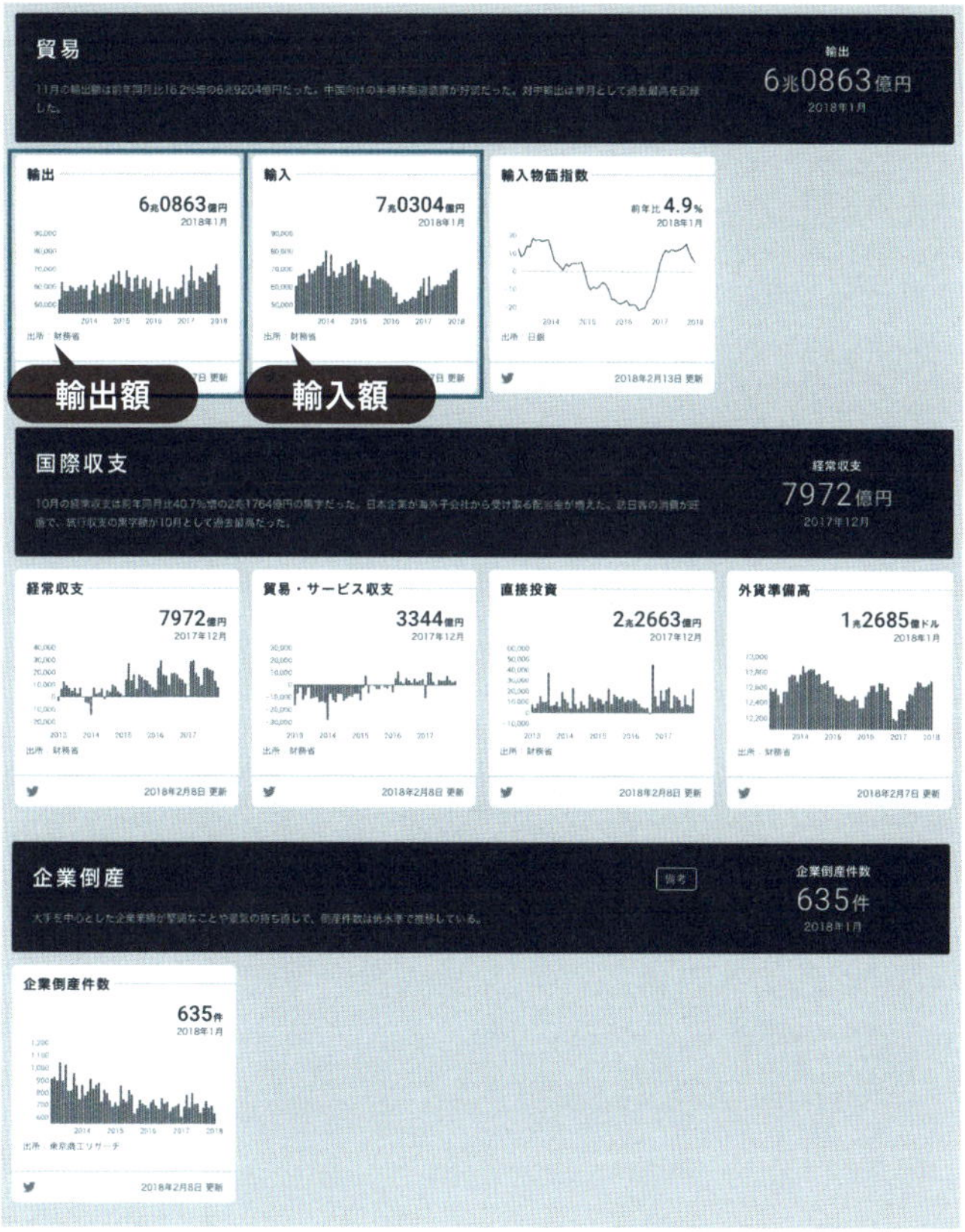

＊日経電子版「経済指標ダッシュボード」より

INPUT!!

2016年の輸出額は ☞ **70兆円**

No 4 日本の「完全失業率」からわかることと、数字に隠れた問題

日本の失業率は世界的にも低い

「経済指標ダッシュボード」には、労働者に関する各種の指標も掲載されています。

労働者に関する指標の中でまずチェックしたいのは「完全失業率」です。仕事をしたいと望む失業者を労働力人口で割ったものを表しています。

わが国では、終身雇用制度を柱とする日本型経営と経済の高度成長、ある程度のインフレが１９４５年以降続いたので、失業が継続的な社会問題にはなりませんでした。

実際、他国で見られるように、失業者が街にあふれて社会問題となるような状況は、今のところ発生していません。業種を選ばなければ、何らかの職はあるということでしょう。実際、数字を見ると、**完全失業率は３％前後で推移**しています。

非正規労働者の割合は、なんと40％！

問題は、この完全失業率に表れない部分にあります。**雇用者総数が5700万人ありながら、正社員が60％程度しかいない**のです。残りの約40％はパートやアルバイト、派遣、契約などの不安定な雇用契約、いわゆる「非正規労働者」ということになります。

もともと、日本は労働者の解雇が最も難しい国と言われていました。企業の家族意識や日本型経営のなかで、事業が不振でも人を切ることはしないという風潮があったのです。

しかしこれではグローバルに戦えないという議論から、賃金の変動費化を目指した結果、全体の4割の勤労者が非正規となっているのが現状なのです。

一方、米国などでは、ビジネスが停滞すれば解雇することが許されています（逆に、能力があって求められている人材は、経営者に対しては強気のことを言ってきます）。実際に、1930年代の米国の大恐慌では、失業率が25％くらいまで上がったそうです。

また、先の欧州経済危機では、ポルトガル、アイルランド、ギリシャ、スペインなどの国々では失業率が上昇し、一時的に若者の失業率が50％にも達したようです。

ひょっとしたら、わが国の失業率3％前後の数字は、まだ幸せなのかもしれません。

好景気

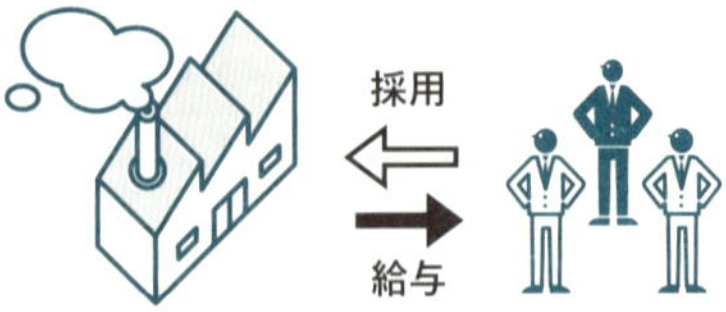

失業率が下がり、
社会不安が解消されやすい

不景気

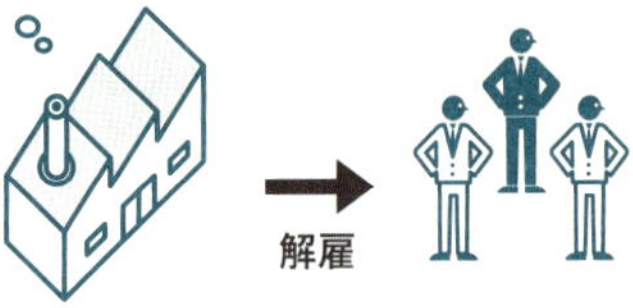

失業率が上がり、
社会不安が増大しやすい

雇用者のうち、非正規労働者は ☞ **約40％**

☞ 経済状況が表れる「完全失業率」

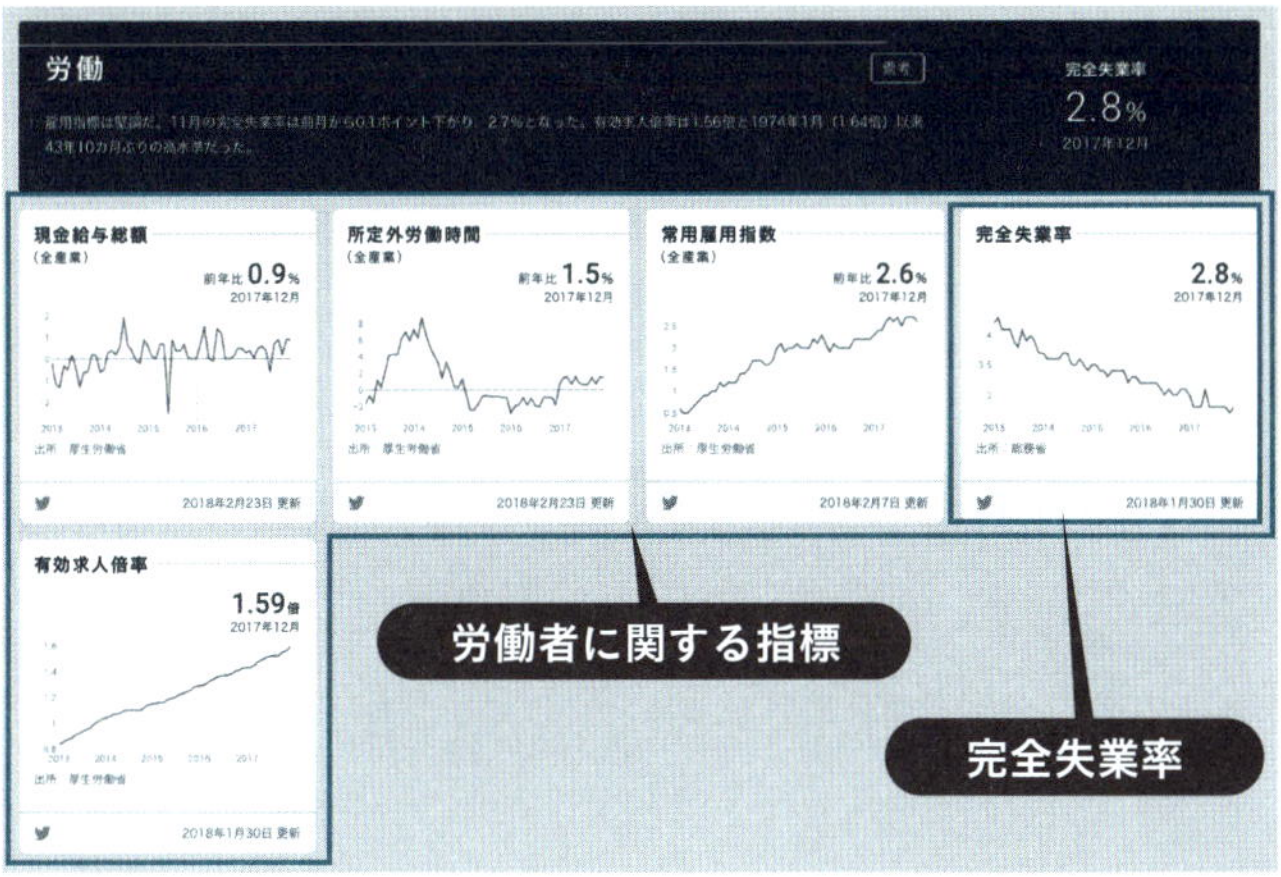

＊日経電子版「経済指標ダッシュボード」より

仕事をしたいと望む失業者のなかで

すぐに仕事に就くことができる人 ÷ **労働力人口**（15歳以上） ＝ **完全失業率**

INPUT!!

日本の完全失業率は ☞ **3％前後で推移**

№5 「企業倒産件数」で、景気の流れを見る

倒産件数は減少傾向にある

企業は永遠ではありません。時代に合わないもの、需要がないものは、残念ながら廃業や倒産をしてしまいます。

この**「企業倒産件数」は、景気と密接に関係します**。景気がよければ倒産件数は減少、悪化すれば増加します。これは感覚的に納得できるでしょう。

ところで政府は近年、この企業倒産件数が減っているとアピールしていますが、実際の数字はどうでしょうか？　「経済指標ダッシュボード」を見ると、**２０１３年２月が９１６件、１８年１月が６３５件と、確かに減っています。**

バブル期以降の最大値は、戦後初のデフレが宣言された２００１年で、年間１万９１６４

件でした。月ごとの数字では、実にひと月で1500社以上の倒産を見たということです。現在は、バブルの絶頂期最後の1990年と同水準程度に回復してきました。

「負債総額」は、製造業で戦後最大となったタカタの倒産の影響で、5年ぶりに3兆円を超えてしまいました（2017年）。

倒産件数の減少は、アベノミクスが生んだ成果？

企業倒産件数が減少したのは、いわゆる「アベノミクス」の成果と言っていいでしょう。3本の矢のうち、2本はうまくいったといえるかもしれません。

すなわち、第1の大胆な金融政策のおかげで、金利は低く、市場にお金があふれています。そんな状態では、多少借り入れが多い企業や少し商売が苦しい企業であっても、呼吸が止まることはなくなります。

第2の矢は機動的な財政政策で、大規模な経済対策予算で政府が需要をつくること。つまり、ビジネスそのものを生むのです。この結果、倒産の件数も金額も減少しています。

第3の矢、民間の投資が巻き起こる成長戦略がうまくいけば成長軌道に乗るのですが、その成果についてはこれからということになります。

企業倒産件数と負債総額

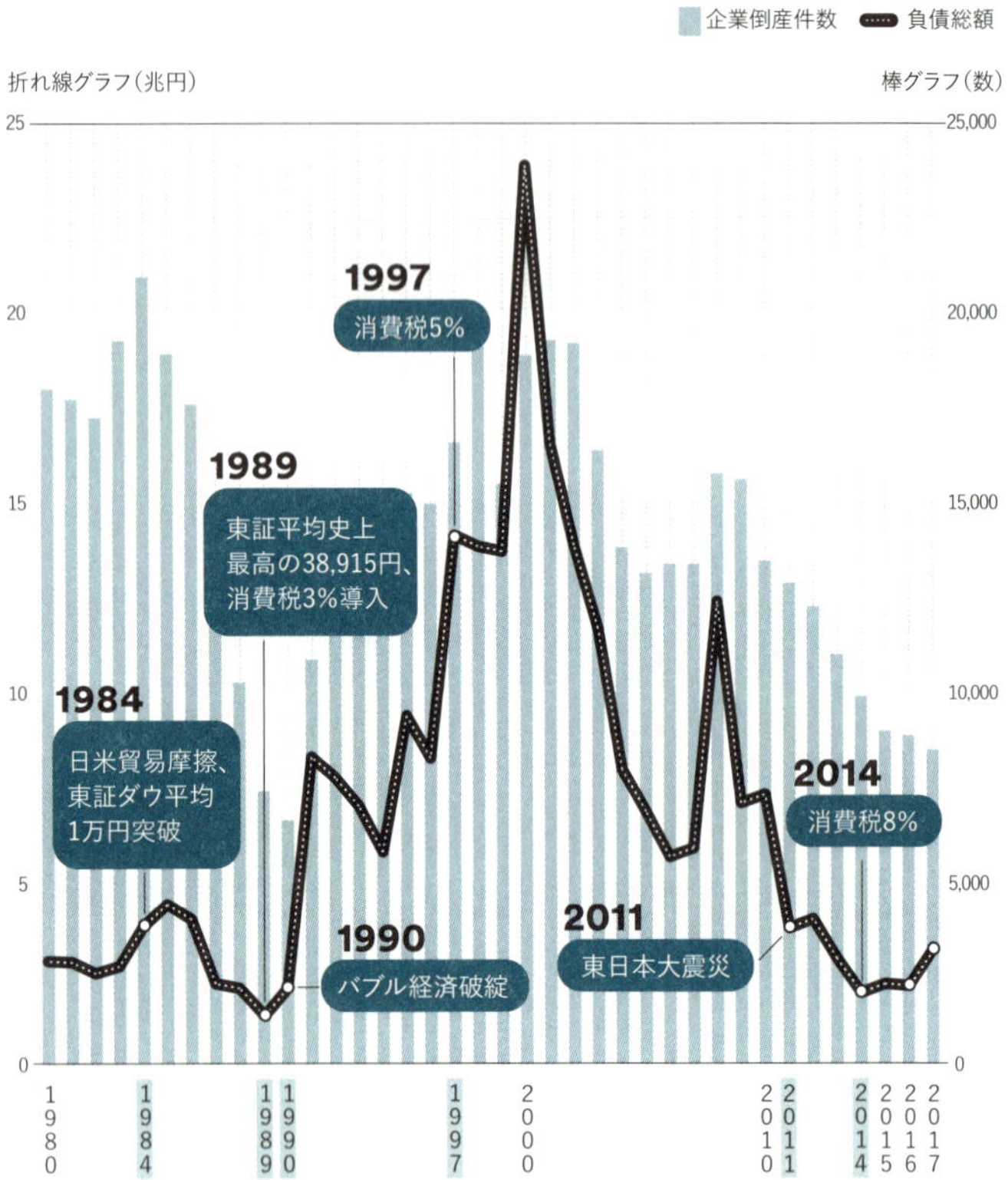

*東京商工リサーチホームページより

2017年の負債総額 ☞ **約3兆円**

☞ 企業の倒産件数から景気が見える

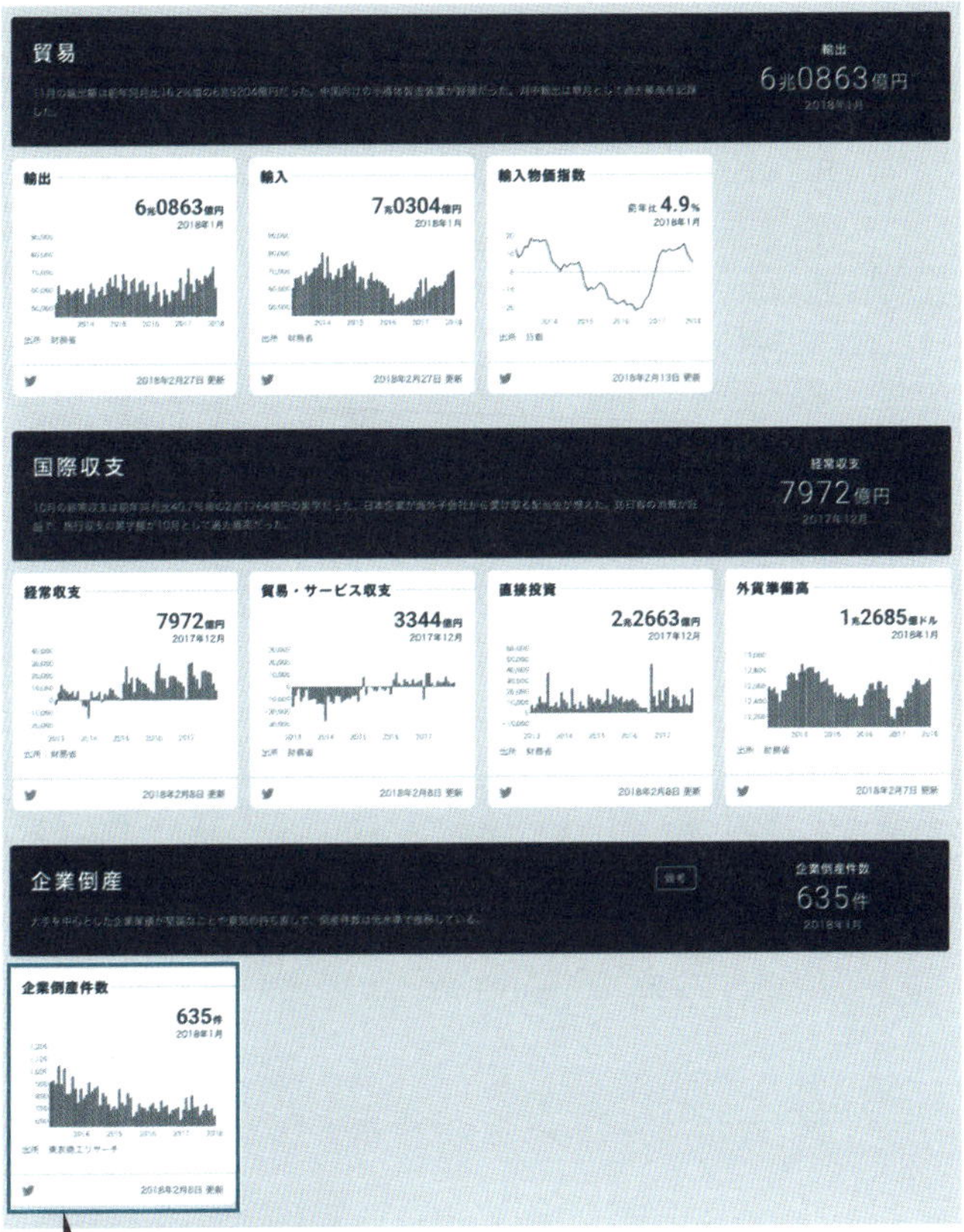

企業倒産件数

＊日経電子版「経済指標ダッシュボード」より

INPUT!!

１ヶ月の倒産件数 ☞ **約600件**

No 6 GDPの6割を占める「消費支出」で、景気回復度を測る

個人の消費が伸びなければ、景気回復はない

個人や家族が生活していくために使うお金を**「消費支出」**といいます。「経済指標ダッシュボード」に載っているのは、「2人以上世帯、実質前年比」です。

日本のGDPの構成要素は個人消費が6割を占めていることを考えると（☞P.25参照）、この**「消費支出」が伸びなければ、景気の回復は望めない**でしょう。

しかし、「消費支出」の数字を見ると、2012年5月が4％、17年12月が▲0・1％となっています。

つまり、**私たちが消費にかけられるお金の総額が4・1％減っている**ということになります。そして、実に16年3月からほぼマイナスの状態が続いているのです。

みんなが消費を抑えようとしている

「消費支出」は増減率で表示されていて、実数は掲載されていませんが、1973年には月額10万円規模でした。その後わずか5年で倍の20万円になり、バブル期の終わりにピークを迎えます。93年には33万円強まで上がりました。これ以降は、毎年減少しています。**ここ数年は28～29万円前後で、80年代後半と同様の数値**となっています。その原因としてはいろいろ考えられますが、最も大きな原因は所得が伸びていないことでしょう。

バブル期以降、企業が正規雇用から非正規雇用に置き換えることで人件費を削減した結果、消費に回せるお金が減ってしまいました。また、非正規雇用という不安定な立場で、将来への不安から、消費が伸びることは考えにくい構造となってしまいました（☞P.33）。

それに加え、すでに国家予算の3割を占める社会保障の拡大は望むべくもなく、自らの手で老後資金を確保する必要に迫られています。消費支出の拡大には給与所得の拡大か減税が近道ですが、現在の財政状況では、増税はあっても減税は考えにくいでしょう。

要するに、**みな消費に回す額を抑えようとしている**わけです。さて、近い未来にこの数字の拡大はあるのでしょうか。動向に注目です。

しかし、個人消費の前年比はマイナス

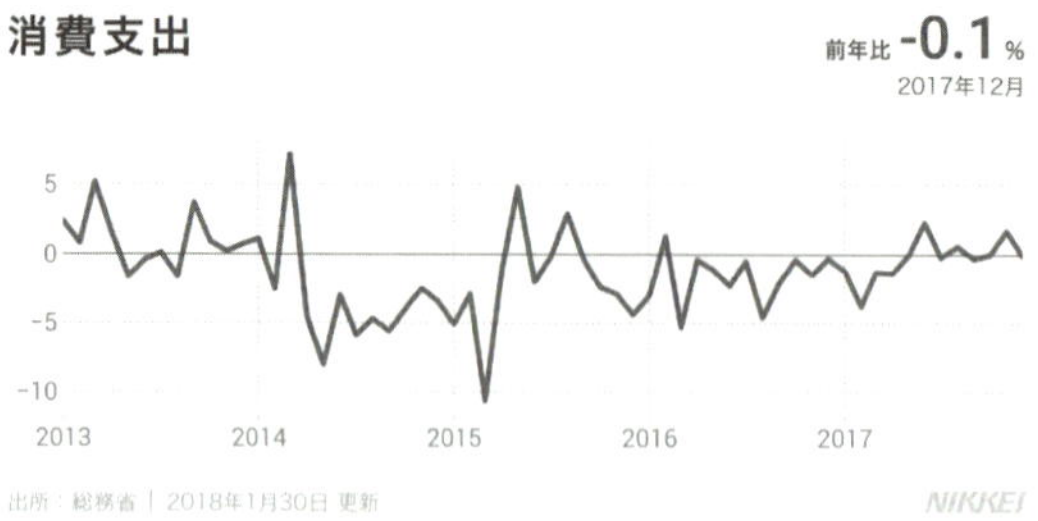

＊日経電子版「経済指標ダッシュボード」より

みんなが消費を抑えようとする主な原因

企業の人件費削減 ↓

不安定な雇用 ↓

老後不安 ↓

所得が増えないにもかかわらず、将来への不安も抱えている

ここ数年の消費支出実数（月額）は ☞ **28 ～ 29万円前後**

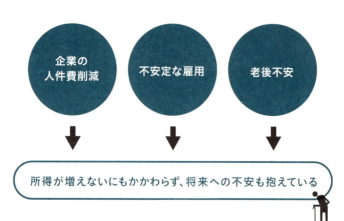

☞ 回復しない個人消費

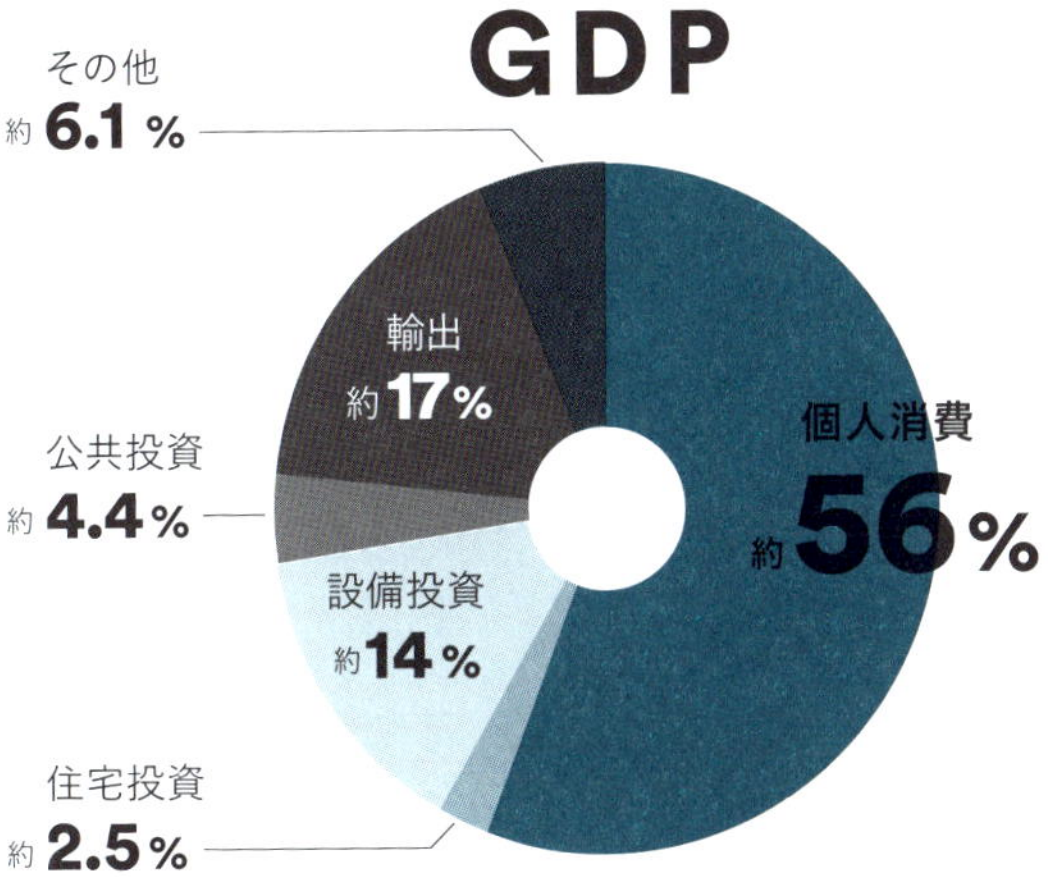

↓

個人消費がGDPに与える影響大

個人消費UPすると ⬆ 景気回復

個人消費DOWNすると ⬇ 景気悪化

INPUT!!

直近の消費支出の増減率は ☞ -0.1%

No 7

「消費者物価指数」で、経済の健康状態をチェック

人間の体温のように、インフレかデフレかわかる

消費者物価指数は「CPI」と記されることもあります。この**消費者物価指数は、いわば「経済の体温計」**です。体調不良で病院へ行くと、まず体温を測りますよね。消費者物価指数も、この体温計のように経済状況をチェックしたいときに便利です。

たとえば、平時（平熱）が2％の上昇だとすると、マイナスになると低体温症で危険な状態です。ほぼ「デフレ」と同義語と考えてかまいません。逆に数字が高すぎると、景気の過熱（発熱）が心配されます。「インフレ」状態です。

単純に、**景気全般が上向きであれば消費者物価指数も上昇気味となり、悪化すれば下向きになる**と理解して大きな間違いはないでしょう。日本は現在、いわば低体温気味で、日銀はこの数字の上昇を目指して悪戦苦闘している最中なのです。

アベノミクスの目標達成が遠くなっている

消費者物価指数は、2015年を100としています。2013年1月で96だったのが、14年4月の消費税増税の翌月に100・1に急上昇。しかし、16年はほぼ一貫して100を下回り、2018年1月現在は100・4となっています。

アベノミクスでは「2%のインフレ目標」を掲げ、国民の給料の増額、消費の拡大につなげるもくろみでした。しかし、この数字だけを見ていると、その達成まではまだ遠いと思わざるを得ません。2014年の消費税増税がいまだに効いているからだと思われます。

現在、日本や欧州の先進各国では、物価上昇率ゼロやマイナスのデフレ状態からなかなか抜け出せない状態が続いています。たとえば、アメリカでは2015年で前年比0・1、欧州でも同年でユーロ圏、イギリス、ともに0・0となっています。

一方、新興国（BRICsが代表）では経済成長率が相対的に高く、とりわけ資源のない国ではインフレ率がさらに高くなる傾向にあります。

経済成長の傾向

先進国

物価上昇率ゼロやマイナスの
デフレ状態になりやすい

新興国

物価上昇率が高く、
インフレ状態になりやすい

アベノミクスのインフレ目標は ☞ 2％

☞ 消費者物価指数で、デフレかインフレかを見る

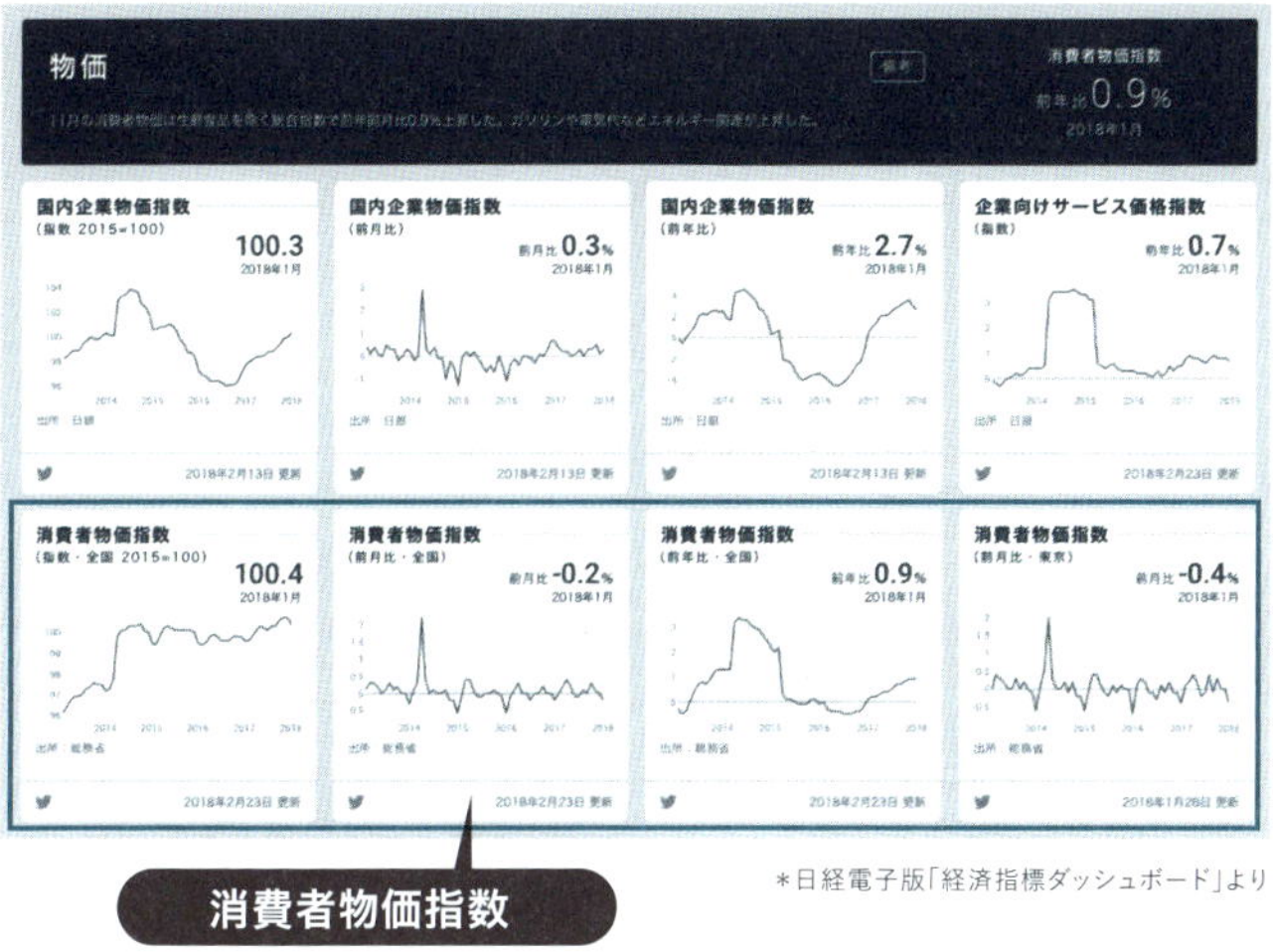

＊日経電子版「経済指標ダッシュボード」より

消費者物価指数とは、

経済の状況を見る体温計のようなもの

＋ プラス	➡	インフレ状態
＋ ゆるやかなプラス	➡	平時
− マイナス	➡	デフレ状態

INPUT!!

2018年1月の消費者物価指数は ☞ 100.4

No 8 そのほか、日頃からチェックしておくべき数字

米国の雇用者増減数（非農業部門）に注目！

経済のプロは、たくさんある経済指標の中でも、**米国の「非農業部門雇用者増減数」の数字を重視しています。**かつては、新聞に掲載されるのを待ちきれず、第一金曜日の夕刻に、会社に残ってまで発表を待つ人も多かったくらい重要な数字です。

ここに異常値が出れば、翌日の朝刊で数段を使って解説されます。この時点で、すでに株や為替に大きく影響を与えているからです。

最近では、２０１６年５月に出た４・３万人という数字に驚き、金利上昇ムードが一時消え失せたことがありました。適正値は年間２００万人から３００万人で、月に直せば20万人くらいでしょう。

世界の経済を動かす米国で前月、雇用者を何人新しく採用したかは、ぜひ押さえておいてください。その数値が直ちに、日本の金利・為替・株価動向に跳ね返ってきますから。

米国の「実質成長率」と、日本の「新車販売台数」も

しかし、なんだかんだといっても、見るべきはやはり米国の「実質成長率」です。

世界1位の規模を誇る米国経済は、大ざっぱにいえば世界の2割から2割5分の大きさとなっています。世界全体のGDPを75兆ドルから80兆ドルとすれば、米国は20兆ドル規模。この米国の動向を知ることは、世界全体を知る大きな手がかりとなるのです。

米国経済成長率は、2〜3％のゾーンならOK。それ以下は不安、それ以上だと過熱となります。ちなみに、2017年10〜12月の数字は、前期比2・5％となっています。

一方、**日本国内では、「新車販売台数」**から目が離せません。自動車産業はその周辺にも大きく影響を及ぼすからです。

500万台売れればひと安心と言われますが、2013年度は569・2万台、14年度529・7万台、16年度507・8万台と、徐々に販売台数が減少しています。その背景には、若者の自動車離れと燃費問題、増税による軽自動車の人気急落があると思われます。

日本

Japan

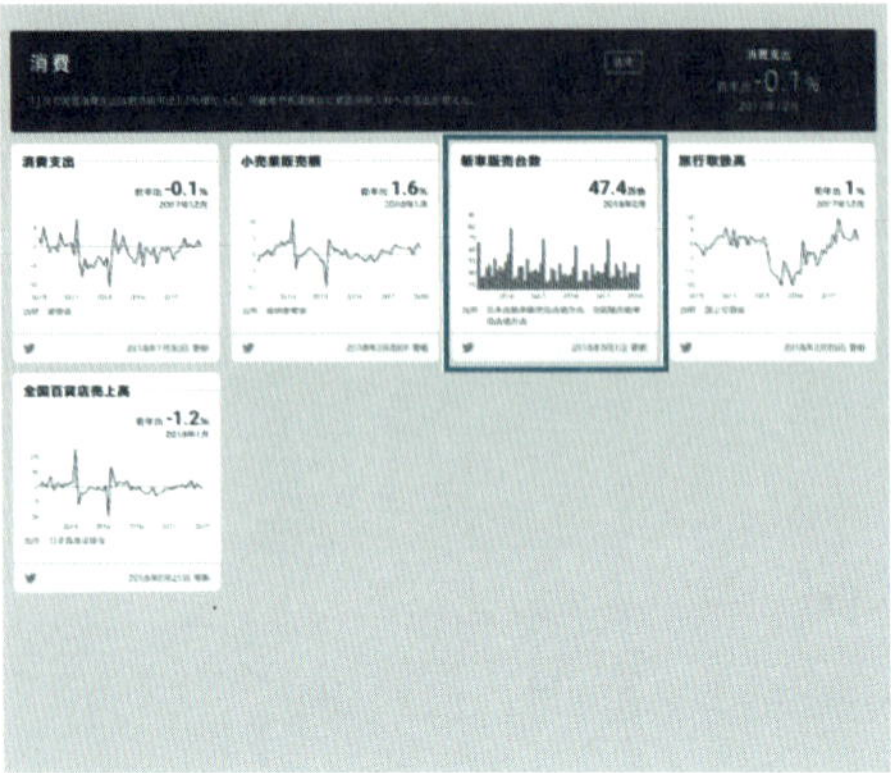

新車販売台数

- 日本国内の新車の販売台数
- 自動車産業はその周辺に大きく影響を与えるため、経済全体を占う数字と言ってよい

＊日経電子版「経済指標ダッシュボード」より

日本の新車販売台数の適正数は ☞ **年間500万台**

☞ 押さえておきたい米国、日本の数字

アメリカ

America

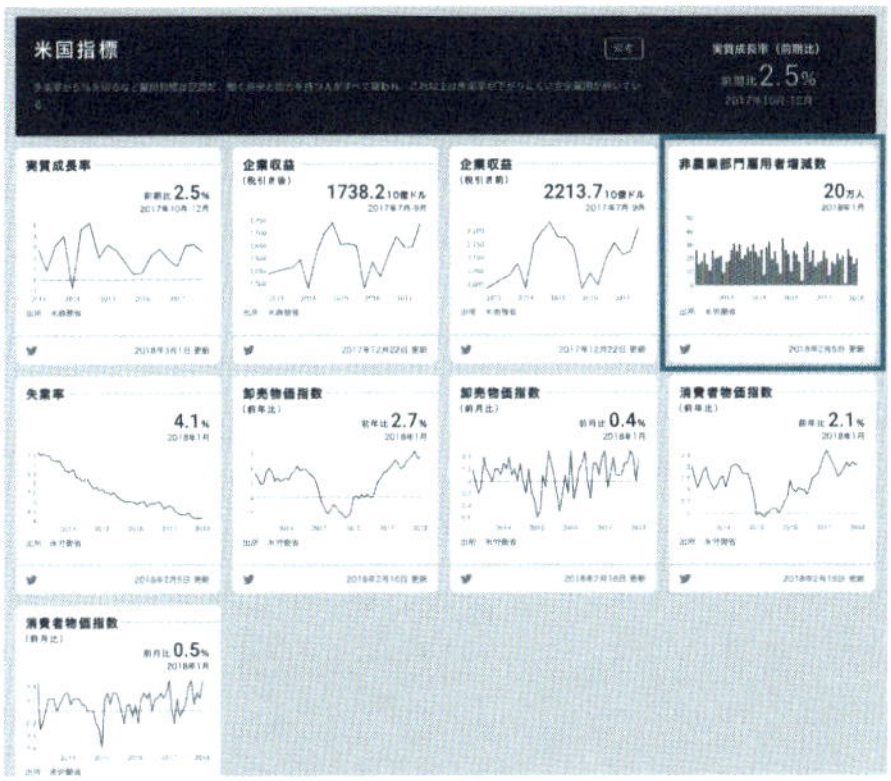

非農業部門雇用者増減数

- どれくらいの人が新しく雇用されたかを示す数字
- 日本の金利、株価、為替まで大きく影響を与える

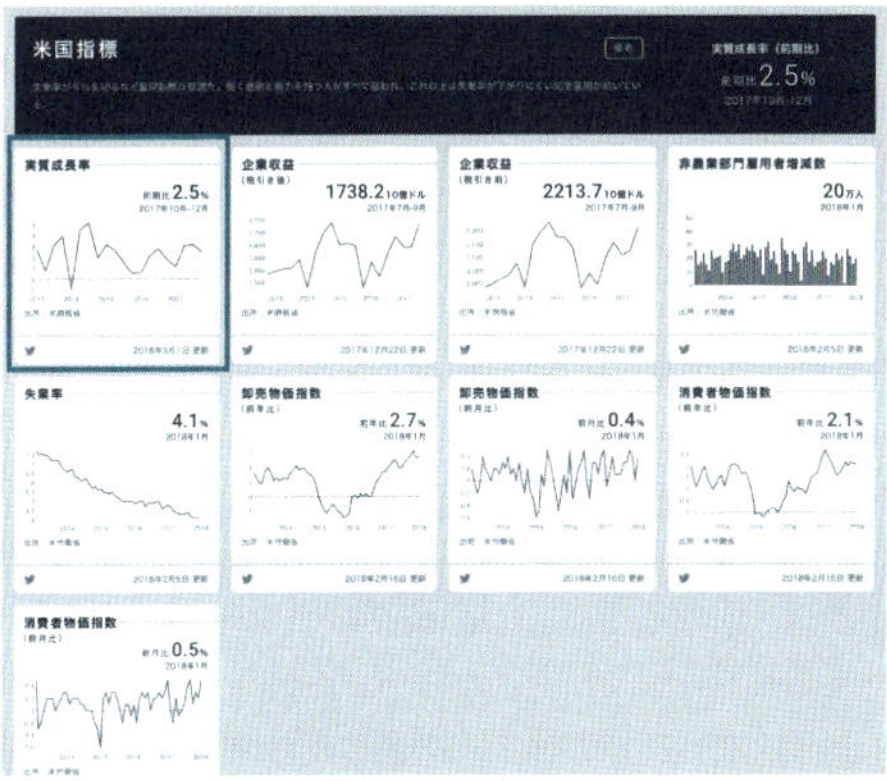

実質成長率

- 巨大経済なので、2〜3%でOK
- 3ヶ月分の数字なので、年間ではおよそ4倍
- インフレ率を考慮している

INPUT!!

米国非農業部門雇用者の適正増加数は ☞ **月間20万人**

数字力を試すドリル　その1

Q1.	日本のGDPはいくら？	Ⓐ 500兆円 Ⓑ 1,000兆円
Q2.	日本のGDPのうち、個人消費が占める割合は？	Ⓐ 40% Ⓑ 60%
Q3.	日本の輸出額はいくら？	Ⓐ 30兆円 Ⓑ 70兆円
Q4.	日本の完全失業率は何%？	Ⓐ 3%前後 Ⓑ 8%前後
Q5.	日本の1ヶ月の倒産件数は？	Ⓐ 約600件 Ⓑ 1万件弱
Q6.	日本の直近の消費支出の増減率は？	Ⓐ 1.0% Ⓑ -0.1%
Q7.	アベノミクスのインフレ目標は？	Ⓐ 2% Ⓑ 4%
Q8.	米国の新規雇用（非農業部門）の月間適正増加数は？	Ⓐ 20万人 Ⓑ 40万人

答え　Q.1／A→20ページ　Q.2／B→24ページ　Q.3／B→28ページ　Q.4／A→32ページ
Q.5／A→36ページ　Q.6／B→40ページ　Q.7／A→44ページ　Q.8／A→48ページ

UNDERSTANDING THE NIKKEI

PART 1

日経新聞のデータ欄をインプットしよう

№1 ↓ №9

CHAPTER

2

No 1 「10年国債」の金利が国の基準を表している

国債は予算をまかなうために国が発行する債券

世界の金融市場では、**「10年国債」**の金利水準がその国の金融を表すとされています。おおよそのインフレ成長率が想像できるからです。

国債は国が出す債券で、「国庫債券」が正式な呼び名です。**なぜ国債を発行するかといえば、国家予算のうち、国税でまかなえない不足分を補うためです。**国債はあらかじめ利子の支払いや満期日が決められています。国債を購入すると定期的に利子を受けることができ、償還時には国債に記載された金額を受け取ることができます。

この債券にはいくつか種類がありますが、10年国債の額面は一口5万円からです。仮に6%なら年に2回、1500円ずつ金利が受け取れます（現在は0・05%の低金利）。国債は株式のようにいつでも売却できますが、売値は時価になります。

発行された頃より市場の金利が高くなっていれば、売却しても5万円では売れないでしょう。逆に、市場の金利が低下していれば、買った値段の5万円より高く売却できます。

日本の国債残高は、なんと1000兆円!

明治時代以降、日本政府は国債を発行し続けてきましたが、1945年の敗戦以降、先の東京五輪までは発行をストップしていました。五輪後の不景気から立ち直るために国債の発行が再開されましたが、現在と比較すればほんのわずかな額です。

ところがその後、**国債の発行は増加の一途をたどり、その残高は日本のGDPの2倍に当たる1000兆円にもなっています。**

500兆円規模の日本経済で、年間に約35兆円の財政赤字（☞P.95参照）。そして、国債の発行残高はすでに1000兆円以上。

日本銀行は年間80兆円もの国債を購入することになっていますが、このペースが続けば、市場から国債が消えてしまいます。ただ、20年近くこの状況が続いていますが、それでもこの間、日本国債の暴落は起きていません。

10年国債の利回りはここをチェック！

WORLD MARKETS　22日

日経平均株価
2万1736円44銭
−234円37銭
（−1.07％）

日経アジア300
1443.86
−12.64
（−0.86％）

円・ドル（東京）
107円46銭〜48銭
31銭高

上海総合指数
3268.559
＋69.400
（＋2.16％）

円・ユーロ（東京）
131円88銭〜92銭
83銭高

ドバイ原油
現物、FOB、1バレル、4月渡し
61.65〜61.75ドル
＋0.20ドル

長期金利
10年国債利回り349回債
日本相互証券
0.050％
−0.005％

欧米市場は電子版で▶
マーケット→世界の市況

10年国債の利回り

＊日本経済新聞2018年2月23日付朝刊より

日本の10年国債の利回りは ☞ **0.05％**

☞ 国債のしくみ

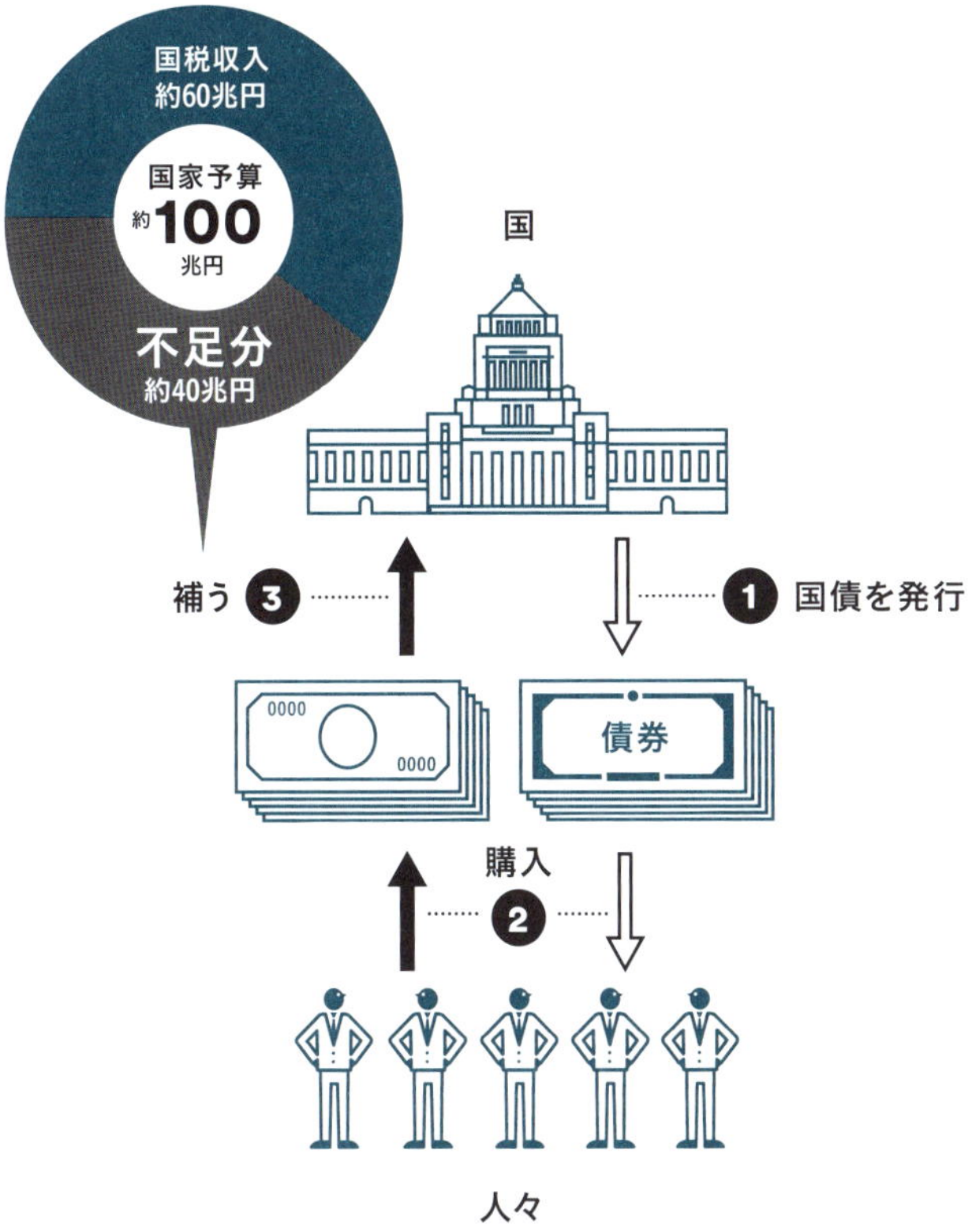

国債とは、
国家予算の不足分を補うために
国が発行する債券

INPUT!!

日本の国債の発行残高は1,000兆円で ☞ **GDPの約２倍**

No 2

各国の10年国債の利回りを比較してみよう

アルゼンチンの国債と、日本の国債、どちらが安全?

自国の通貨ではなく、他国の通貨で国債を発行することもできます。 自国の通貨が主要通貨である場合は、他国の通貨を使う必要はありません。

日本も明治期には、英国のポンド建てで国債を発行して、日露戦争の戦費にしたことがありますが、日本政府は、今のところ円建ての国債を発行しているだけです。現在、日本円は世界で通用するので、他国の通貨での発行がないのです。米国も、ドル建ての国債は大量に発行していますが、ほかの通貨での発行は見られません。

一方、**新興国の政府は、自国内での富の蓄積が不十分なために、先進国の通貨建てで国債を発行することがあります。**

たとえば、メキシコ政府の円建て国債、ブラジル政府の円建て国債、トルコ政府のドル建て国債などがありますが、原理は一緒です。

ただし、国債だからといって安心はできません。２００１年、日本で円建ての国債を発行しているアルゼンチンは外国債のデフォルト（債務不履行）を宣言しました。アルゼンチンは国家として今も存続しているので、何とかしてほしいと思っている保有者も多いと思いますが、残念ながらお金は一部しか返らないでしょう。

アルゼンチンの円建て国債が日本で発行されたころ、日本の国債も当然、毎月発行されていました。たとえば日本国債が金利２％のところ、アルゼンチン国債が５％の金利となっていたとすれば、日本国債と比較して無事償還の可能性は低いということです。

同じ時期に、仮にトルコの円建て10年国債が４％の金利で発行されたとすれば、アルゼンチンよりもトルコのほうが安心感はあるということになります。

もちろん、これからの10年の間に起こりうる変化を見据える必要もあります。

米国、ドイツの10年国債も要チェック

日本のほかに主要な国債はやはり**米国債**で、「USトレジャリー」などと呼ばれています（利回り2・93％）。

欧州で重要なのは**ドイツ国債**で、金融市場で主役級になっています（0・70％）。

英国の国債は「ギルト」と呼ばれ長い歴史がありますが、重要性がやや低下しています（1・54％）。

あとは、**オーストラリア10年国債**を押さえておけばよいでしょう（2・85％）。

一方、メキシコ、インド、ブラジルといった国々の利回りは、いずれも7％以上とかなり高くなっています。

☞ 各国の10年国債の利回りと比較すると？

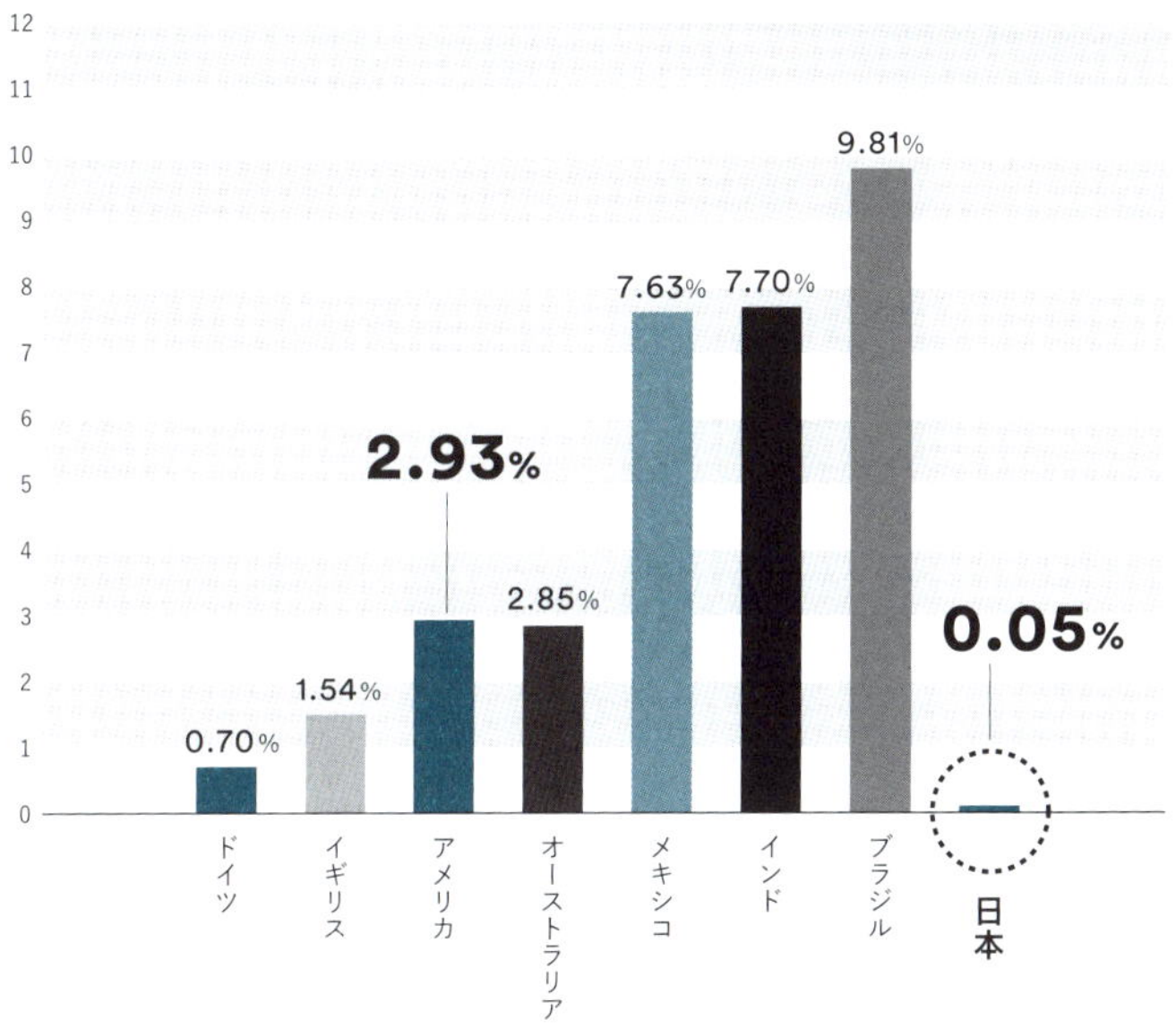

＊ブルームバーグホームページ2018年2月23日より

金利が低い → 投資対象として魅力がない

金利が高い → 無事に償還されるか不安がある

INPUT!!

米国の10年国債の利回りは ☞ 2.93%

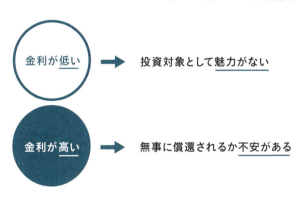

No 3 「マイナス金利」は、私たちとどんな関係がある？

マイナス金利政策で、普通預金の金利も下がる

私たちが受け取る収入の代表的なものは、「労働の対価」と「金利」です。**金利は、自分の代わりにお金に働いてもらう対価**といえます。

では、銀行に100万円預金すると、1年後、利息はいくらつくでしょうか？

実はいま、銀行に預けても、たった10円の利息がつくだけです（2018年2月現在、普通預金の金利は年0・001％）。

2016年、日本にとって歴史的な出来事がありました。**日銀のマイナス金利政策です。**

それまでの普通預金の利息は0・02％でしたが、マイナス金利の導入を機に**各銀行が普通預金の金利を過去最低に並ぶ0・001％に引き下げた**のです。

「マイナス金利」は欧州ではすでに導入されているもので、銀行が日銀に預けている当座預金に金利をつけるのではなく、手数料を課すことを指します。

実はこの日銀の金融政策は、私たちの住宅ローンや預金の金利にも大きく影響を及ぼすものなのです。住宅ローンの金利が下がるのは家計にとってうれしいことですが、銀行預金の金利が下がるのはまったくうれしくないですよね。

この「マイナス金利」政策が今後どうなるか、注意深くウォッチする必要があります。

人類史上、最低金利時代を迎えている

一方で、54ページで見たように、10年国債の利回りはゼロ近辺になっています。**日本国債10年物の金利は、明治時代以来、平均で6%**でした。

それが、現在はいくら買っても利息はつかない、人類史上、最低金利時代です。丈夫な金庫を手配して現金を保管するほうが有利なのかもしれません。

このままでは国債は、さらなるマイナス金利が到来した場合の値上がり益を求めての投機的投資をするだけとなります。それでも、投資家は値上がり益を求めて、金利のない国債に大量に投資しているのです。

マイナス金利の場合のイメージ

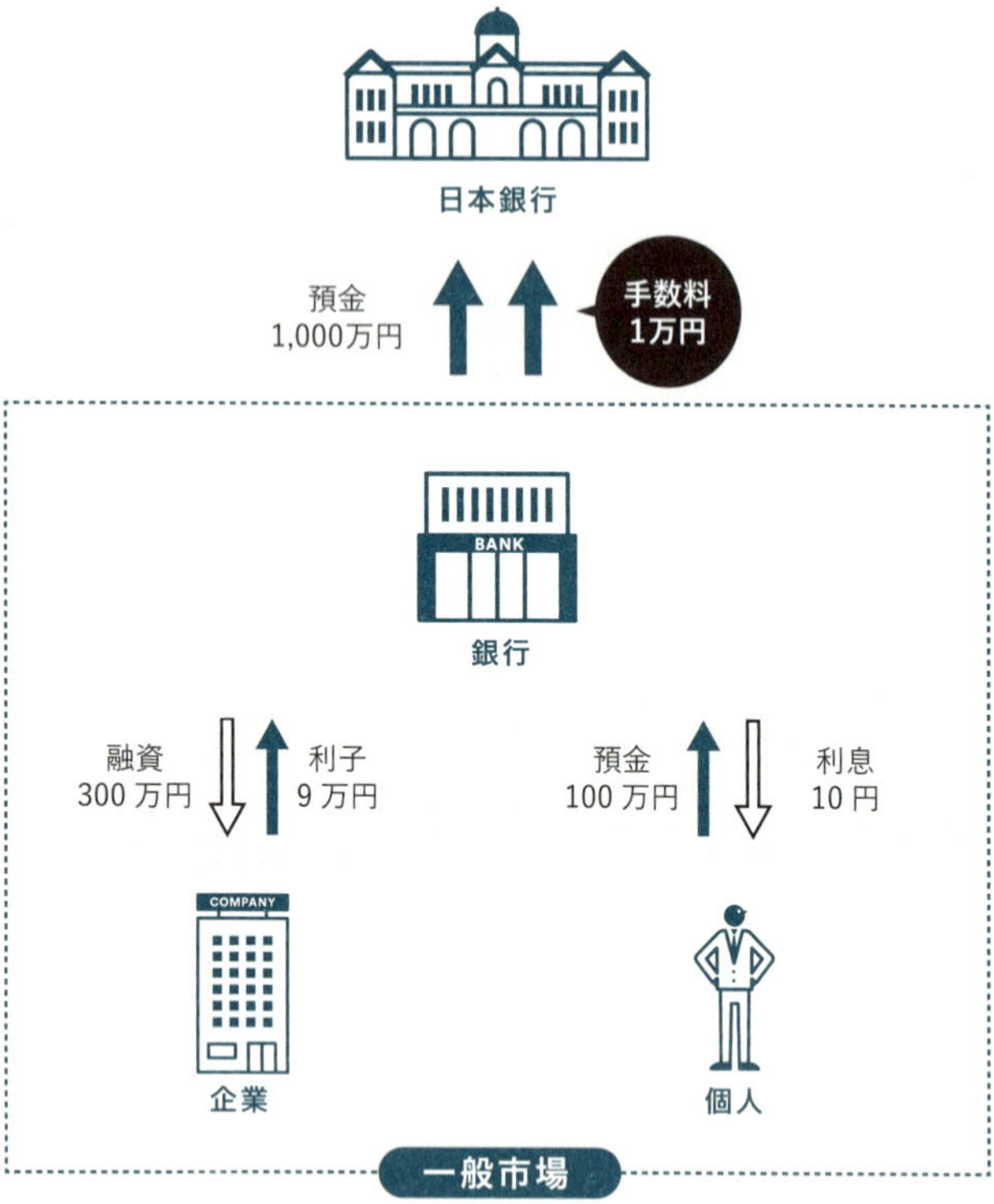

マイナス金利政策をすると、

日銀に預けると銀行が損をするため、一般市場に回る資金が増える

銀行に100万円預けて1年後につく利息は ☞ **10円**

☞ マイナス金利政策とは

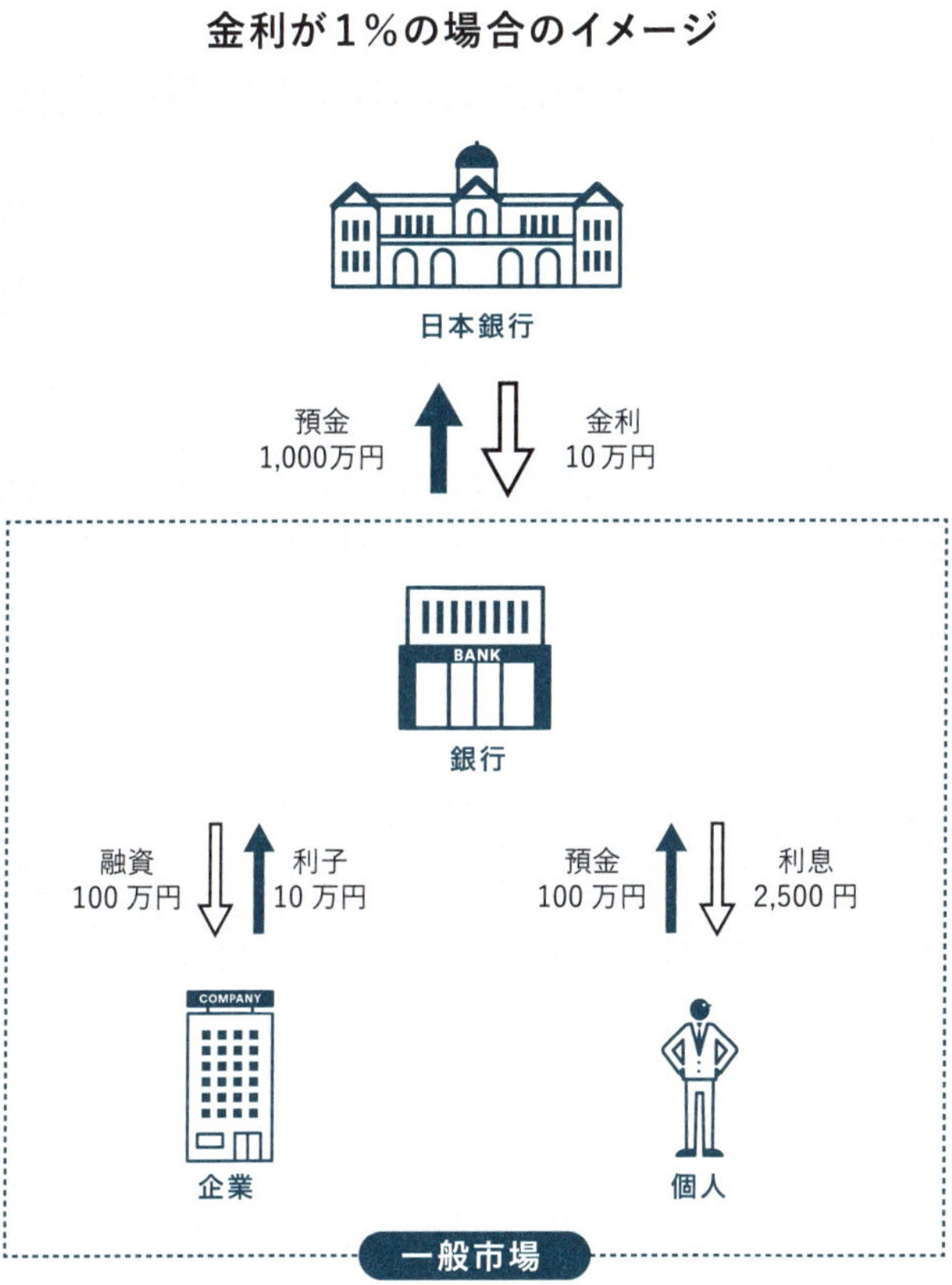

INPUT!!

現在の普通預金の金利は ☞ **年0.001%**

№4 「ダウ平均」と「日経平均」は、どうやって計算される？

「ダウ平均株価」は、米国の有力企業の平均値

「ニューヨークダウ平均」「日経平均」などと、耳にすることがありますね。その昔は、「東証ダウ」という言葉もありました。「東証株価指数」（TOPIX）という言葉もあります。これらの言葉を説明できるでしょうか？

市場があれば、相場があります。相場があれば、値動きを追った指数があります。**株式市場の指数の代表が、ニューヨークの「ダウ平均」**（正式には「ダウ工業株30種平均」）です。

19世紀末にダウ・ジョーンズ社は、ニューヨーク取引所の近辺で「ウォール・ストリート・ジャーナル」（WSJ）という新聞を発行していました。

このダウ・ジョーンズ社が、ニューヨーク証券取引所に上場している銘柄のうち30社を選

んで、その株価の平均値を「ダウ平均株価」として毎日、発表しはじめたのです。

この30社は、今でもアメリカを代表する有力企業群ですが、ときどき入れ替えが行われています。ただし、30社だけでは全体を見渡すことができないといった観点から、今では格付け会社の「S&P」（スタンダード&プアーズ・レーティングズ・サービシズ）が**「S&P500指数」**を発表しています。

「TOPIX」と「日経平均」との違いは?

わが国でも、敗戦後に東証が再開し、「東証ダウ」を発表しはじめました。当時は、計算方法をダウ・ジョーンズ社から買っていたようです。

その後、東証は独自に東証1部上場株式全銘柄が反映される**「東証株価指数」（TOPIX）**を発表することになり（☞P.70）、根強い人気のある東証ダウ平均は**「日経平均」**として日本経済新聞社が発表することになりました。

日本の**「日経平均」**は30社ではなく、225社を使っていて、1949年に100円台からスタートしています。バブル絶頂期の1989年は、4万円近くまで上昇していましたが、現在の日経平均は2万2000円前後で推移しています。なんと半分ですね!

日経平均

市場体温計
東証1部
22日

日経平均株価(225種)	21736円44銭	(−234円37銭)	騰落率＝−1.066%
東証株価指数(TOPIX)	1746.17	(−15.44)	騰落率＝−0.876%
売買代金	2590220百万円	(−96060百万円)	
売 買 高	134948万株	(−3254万株)	
売買単価	1919.4円		
売買高上位10銘柄の占有率	24.3%		
上場銘柄数 2066	値上がり 542		
売 買 成 立 2066	値下がり 1455	変わらず 69	
新 値 株 (昨年来)	高 値 42	安 値 15	
騰落レシオ(25日移動平均)	87.20%		
時価総額	6575402億円	(−54434億円)	
普通株式数 (百万株) 317763	1株当たり時価 (円) 2069.27		

＊日本経済新聞2018年2月23日付朝刊より

日本経済新聞社が選んだ225社の株価の平均値

- 以前は東証が発表しており、「東証ダウ」と呼ばれていた
- 東証の東証株価指数(TOPIX)の発表開始に伴い、
  東証ダウは「日経平均」として日経新聞が発表することになった

現在の日経平均は ☞ **2万2,000円前後**

☞「ダウ平均」と「日経平均」の違い

ダウ平均

世界の市況

ＮＹダウ工業株30種（ドル）	25,410.03	−299.24	27日 終値
S&P500種	2,744.28	−35.32	27日 終値
ナスダック	7,330.355	−91.109	27日 終値
ＮＹ金（ドル/トロイオンス）	1,318.60	−14.20	27日 終値
ＮＹ原油（ドル/バレル）	62.73	−0.28	28日 3:15
円・ドル	107.17 - 107.18	+0.16	28日 17:21

※ ＮＹ金は中心限月、ＮＹ原油は直近限月を採用。

＊日経電子版2018年2月28日付より

ニューヨーク証券取引所に上場している銘柄のうち、

ダウ・ジョーンズ社が選んだ30社の株価の平均値

- ゼネラル・エレクトリック（GE）
- アップル
- アメリカン・エキスプレス
- ボーイング
- キャタピラー
- デュポン
- ウォルト・ディズニー
- ゴールドマン・サックス
- IBM
- コカ・コーラ
- マクドナルド
- 3M
- ナイキ
- マイクロソフト
- ファイザー
- P&G
- VISA　など

INPUT!!

現在のダウ平均は ☞ **2万5,000ドル前後**

No 5 経済のプロが注視する「TOPIX」

「TOPIX」は、東証1部上場の全銘柄を反映

67ページで紹介したように、**「東証株価指数」（TOPIX）は東証1部上場株式の全銘柄を反映させた東証独自の指数**です。

一般的には日経平均ほどの知名度はありませんが、金融や経済の専門家は日経平均よりTOPIXを主に使用しています。**直感的に東京市場の動きを知るのに便利で、株式市場の実態を正確に知るのには役立ちます**（2018年2月の国内指数は1800前後）。

日経平均が上がるときは、TOPIXも上昇するのが普通です。日経平均とTOPIXの動きを比較した指数もあります（NT倍率）。

225種に限られる日経平均に比べて、全銘柄の動きが反映されるTOPIXは、銀行株

などを中心とした金融セクターの比重が高く、金融株が上がるとより大きく上昇する特徴もあります。

経済成長が続けば株価も上昇し、TOPIX、日経平均やニューヨークダウなどは、時間的には多少の遅れや先取りはあっても、トレンドとしては成長を反映します。逆もまた真と言っていいでしょう。

ちなみに、日経平均やTOPIXはETF（上場投信）のスタイルで投資可能になっています。指数そのものに投資ができる時代となっているわけです。

日本郵政、かんぽ生命、ゆうちょ銀行の3社だけに投資するファンドや、原油、金、パラジウムなど、小分けにしたものが「有価証券」として買えるようにもなっています。今後も、あらゆるものが有価証券となって上場され、新しい指数も開発されていくでしょう。

なお、日米以外の世界各国の株式市場もそれぞれの指数を持っています。ドイツの「DAX」やフランスの「CAC」が有名ですが、香港の「ハンセン指数」、上海の「総合指数」、ベトナムの「VN」なども新聞紙上に登場しています。

「新興市場」にも注目を

一方で、成長著しい新しい会社が多く上場している「新興市場」があります。新しい企業を対象にした株式市場という意味です。

米国の**「ナスダック総合」**が有名ですが、わが国にも**「ジャスダック」「東証マザーズ」**があります。

☞「東証株価指数」(TOPIX)とは

TOPIX

市場体温計

東証1部

22日

日経平均株価(225種)	21736円44銭	(－234円37銭) 騰落率＝－1.066%
東証株価指数(TOPIX)	1746.17	(－15.44) 騰落率＝－0.876%
売買代金	2590220百万円	(－96060百万円)
売買高	134948万株	(－3254万株)
売買単価	1919.4円	
売買高上位10銘柄の占有率	24.3%	

上場銘柄数	2066	値上がり	542		
売買成立	2066	値下がり	1455	変わらず	69
新値株(昨年来)		高値	42	安値	15

騰落レシオ(25日移動平均)	87.20%	
時価総額	6575402億円	(－54434億円)
普通株式数(百万株)	317763	1株当たり時価(円) 2069.27

〈外国為替・商品〉

ドル/円	1ドル＝107.46～107.48円	
ユーロ/円	1ユーロ＝131.88～131.92円	
ユーロ/ドル	1ユーロ＝1.2272～1.2274ドル	

(17時、銀行間直物、日銀公表)

金(1グラム)	4562円	(－28円)
原油(1キロリットル)	40680円	(－80円)

(東京商品取引所の期先清算値)

＜日経・東商取商品指数＞02年＝100

	258.01	(－1.00)
工業品	257.01	(－1.02)

※カッコ内のプラス・マイナスは前日比

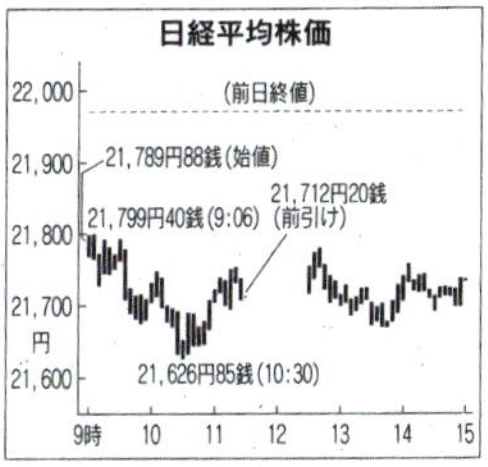

＊日本経済新聞2018年2月23日付朝刊より

TOPIX 東証株価指数 ＝ 東証1部に上場している株式の全銘柄を反映させた東証独自の指数

特徴

- 金融や経済の専門家が注視する指数
- 直感的に東京市場の動きを知ることができる
- 日経平均が上がるとTOPIXも上昇する
- 金融関連株が上がると、大きく上昇しやすい
- TOPIXの数値そのものが投資信託として投資対象となっている

INPUT!!

現在の東証株価指数(TOPIX)は ☞ **1,800前後**

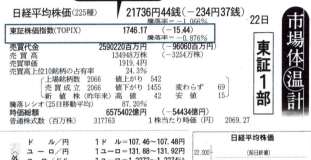

No 6 「東証1部時価総額」は、何を表す数字？

東証1部に上場している企業の時価総額を足した額

「時価総額」という言葉は、株式市場でよく使われます。**1つの会社の大きさや証券取引所の大きさを知るのに重要な数字**です。

基本的には、高級なお寿司屋さんで使われる「時価」と同じ意味です。時価２０００円の大トロが５つあれば時価総額が1万円ですよね。これと同じように、今日の株価である時価をすべて足し合わせたものを「時価総額」と呼んでいます。

日本経済新聞の朝刊には、「東証1部」の時価総額が掲載されていますので、必ず見るようにしましょう。現在の東証1部の時価総額は、約６５０兆円です。**これは、東証1部の上場会社を全部買収すると６５０兆円かかるということを意味しています。

時価総額の計算方法はシンプルです。それぞれの会社の株価に発行済み株数をかけ算すると、その会社の時価総額が算出されますね。ある取引所に上場している会社について、各社別の個別時価総額を単純にすべて足し算すれば、取引所ごとの時価総額が算出されます。

「東証１部時価総額」とその他の指標との関係は？

２０１２年末以降、日経平均株価は８０００円から２万２０００円に駆け上がりました。同時に、東証１部の時価総額も２５０兆円から６５０兆円に拡大しました。

このように、東証１部の時価総額は、日経平均株価（☞P.67）と連動していることが多いのですが、**「東証株価指数」**（**ＴＯＰＩＸ**、☞P.70）とは間違いなく連動しています。

また、東証１部時価総額とＧＤＰ（☞P.20）も経験的に強い相関が見られます。ここ最近、特にＧＤＰは伸びていませんが、本来、**経済が好調であれば株価は上昇し、時価総額も大きくなっていきます**。時価総額の拡大のほうが、やや先行性があります。

逆に経済が下降する場合は、株式はその先行性を発揮して時価総額は減少を開始します。東証１部時価総額は不況時にはＧＤＰ比70%程度に下がり、好調時には１３０%程度まで上昇するようです。この相関は世界の国々で見られます。

相関関係にある指標

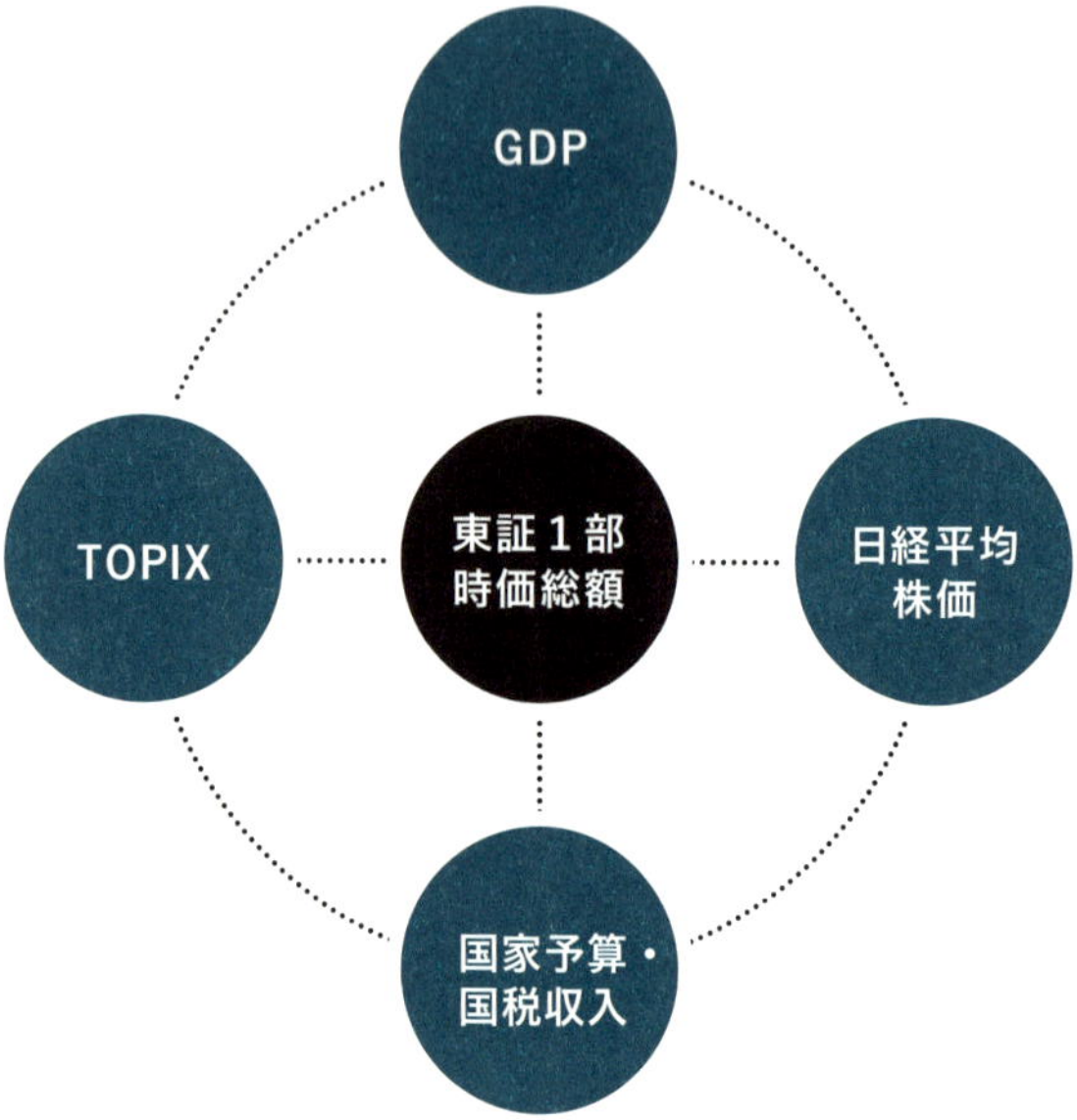

東証1部時価総額は不況時には ☞ **GDPの70%程度**

好調時には ☞ **GDPの130%程度**

☞「東証Ⅰ部時価総額」とは

市場体温計

東証1部

22日

日経平均株価(225種)	21736円44銭	(−234円37銭)
	騰落率＝−1.066%	
東証株価指数(TOPIX)	1746.17	(−15.44)
	騰落率＝−0.876%	
売買代金	2590220百万円	(−96060百万円)
売買高	134948万株	(−3254万株)
売買単価	1919.4円	
売買高上位10銘柄の占有率	24.3%	
上場銘柄数	2066	
売買成立	2066	
新値株(昨年来)	高値 42	安値 15
騰落レシオ(25日移動平均)	87.20%	
時価総額	6575402億円	(−54434億円)
普通株式数(百万株)	317763	1株当たり時価(円) 2069.27

東証1部時価総額

＊日本経済新聞2018年2月23日付朝刊より

東証1部に上場している会社

A社　株価 × 発行済み株数 ＝ 時価総額

B社　株価 × 発行済み株数 ＝ 時価総額

C社　株価 × 発行済み株数 ＝ 時価総額

⋮

すべて足した額

↓

東証1部 時価総額

INPUT!!

現在の東証Ⅰ部の時価総額は ☞ **約650兆円**

№ 7 為替相場でチェックしておきたい円の価値

オーストラリア（OG）ドルにも要注目

その昔、通貨は固定相場制でした。円も戦後長らくドルは３６０円、ポンドは１０００円程度で固定されていたのです。現在のように、変動相場制になると、為替相場もチェックしておきたい数字の一つです。

みなさんは、今１ドルが何円か言えますか？　今はだいたい１０７円くらいです。では、１ユーロは？　１元は？

為替相場でチェックしたいのは、対ドルだけではありません。今なら、**ドル、ユーロ、ポンドなどG7の国々はもちろん、韓国のウォン、中国の人民元、そしてOGドルのおおよその値を押さえておきましょう。**

なかでも、オーストラリアの10Gドルは非常に重要です。G7の国ではありませんが、日本人は数兆円規模で10Gドルを保有しているからです。

ちなみに今、1OGドルは83・8円です。

日本経済はじり貧、それでも円はなお人気

さて、日本の経済も長らく停滞しています。今後も回復することもなく、じり貧が続くのかもしれません。それでも、**円は相変わらず国際的に人気通貨の位置を維持しているようです。**

その理由は簡単です。景気のよいときに海外に投資した財産が貯まり込んで、**対外純資産が世界第1位**のままだからです。2016年まで26年連続1位で、350兆円くらいにまで増えています。そこから、配当や利息、売買益が日本に毎年入ってきます。

日本は、巨大な財政赤字を抱えていて、その赤字が国債でまかなわれていますが、国債は9割以上日本人が保有しているので、他国からは赤字は見えないのです。

したがって、「有事の円買い」という言葉どおり、**世界の金融市場が混乱すると円は値上がりしてしまう**のです。

リーマンショック前と比較して、主要通貨のレートが円に対して半分になった時期がありました。高い円を利用して、外国へ投資をすればよかったのですが、一生懸命に今までどおり製品をつくって輸出しようと努力していました。

外国からすれば、2倍の価格になった日本製品はなかなか買うことはできません。そのため、日本全体で苦しい不況が続いてしまったのです。

☞ 為替相場はここをチェック！

外為市場　（22日）

◇円相場

（銀行間直物、1ドル＝円、売買高は前日、終値は17時、寄付は9時時点、日銀）

		前日
終値	107.46―107.48	107.77―107.79
寄付	107.57―107.59	107.38―107.39
高値	107.16	107.28
安値	107.77	107.90
中心	107.35	107.50
直物売買高		110億2700万ドル
スワップ売買高		733億9300万ドル

◇名目実効為替レート指数

日銀（1999年1月＝100、前日分）	
日本円	99.46
日経インデックス（2008年＝100）	
日本円	102.6
米ドル	120.9
ユーロ	102.8

◇主要通貨の対円レート

（17時、東京金融取引所・ＦＸ）

英ポンド／円	1ポンド＝149.21～149.25円
豪ドル／円	1豪ドル＝83.825～83.860円
スイスフラン／円	1スイスフラン＝114.25～114.30円
カナダドル／円	1カナダドル＝84.59～84.64円
ＮＺドル／円	1ＮＺドル＝78.60～78.64円

◇主要通貨の対ドルレート

（17時、カッコ内は前日終値）

英ポンド	1.3882―1.3886
（1ポンド＝ドル）	（1.3975―1.3979）
スイスフラン	0.9404―0.9408
（1ドル＝スイスフラン）	（0.9376―0.9380）
豪ドル	0.7800―0.7804
（1豪ドル＝ドル）	（0.7842―0.7846）

◇上海市場＝中国人民元

（銀行間取引、17時30分現在）

米ドル	6.3605
（1ドル＝元）	（6.3441）
日本円	5.9241
（100円＝元）	（5.9134）

◇対顧客米ドル先物相場

（三菱東京ＵＦＪ銀、円）

	売り	買い
2月渡	108.52	106.48
3月〃	108.49	106.28
4月〃	108.30	106.03
5月〃	108.07	105.78
6月〃	107.86	105.57
7月〃	107.64	105.29

＊日本経済新聞2018年2月23日付朝刊より

対円の相場をチェックしておきたい通貨

INPUT!!

現在、円は1ドル ☞ **107円前後**

№8 原油価格が経済に与える影響とは？

原油の輸入がなければ、日本経済は成り立たない

1面の「WORLD MARKETS」には、「ドバイ原油」の数字が載っています。

日本は1941年12月8日、ハワイの真珠湾を攻撃してしまいました。背景はたくさんあるようですが、直接の大きな理由は、日本に対する石油の禁輸でしょう。日本国内で原油が採れれば、こんなことにはならなかったかもしれません。

現在もその状況はあまり変わらず、1日の原油使用量が約400万バレルなのに対して、新潟県などで産出する産油量は日量わずか1万バレル程度です。原油の輸入が止まれば日本経済はひとたまりもありません。

では、原油の値段はいくらでしょうか。時々刻々と変わるものですが、**だいたいの値は**

知っておきましょう。２０１８年２月時点では、１バレル当たり60ドル前後です。

原油価格は、経済状況と質によっても変わる

経済成長が著しいときは、原油価格は上昇します。不況になれば下落します。たとえば、最近の好況期だった２００８年のリーマンショック直前には、１バレル当たり１５０ドルあたりまで上昇しました。その後、30ドル台に下落し、２０１６年には30ドルを割り込んだこともありました。

この１バレルは１５９リットル（42ガロン）です。ドラム缶が２００リットルなので、それより少し小さい入れ物を想像するとちょうどいいでしょう。この油の値段が、３２００円から１万６０００円の範囲で変動しているということになります。日本では１日当たり、ドラム缶で３００万本強程度消費される、世界で有数の原油消費国家なのです。

ところで、原油もリンゴやみかんなどの農産物と同じで、産地によって質が異なるのをご存じでしょうか。そのため、代表的な原油として、**米国のテキサス州の西地区で産出される原油をＷＴＩ**（ウェスト・テキサス・インターミディエート）と呼んでいます。このＷＴＩの値段を基準にして、その他の油価が決まってくるという仕組みです。

1日当たりの原油の生産量の多い国

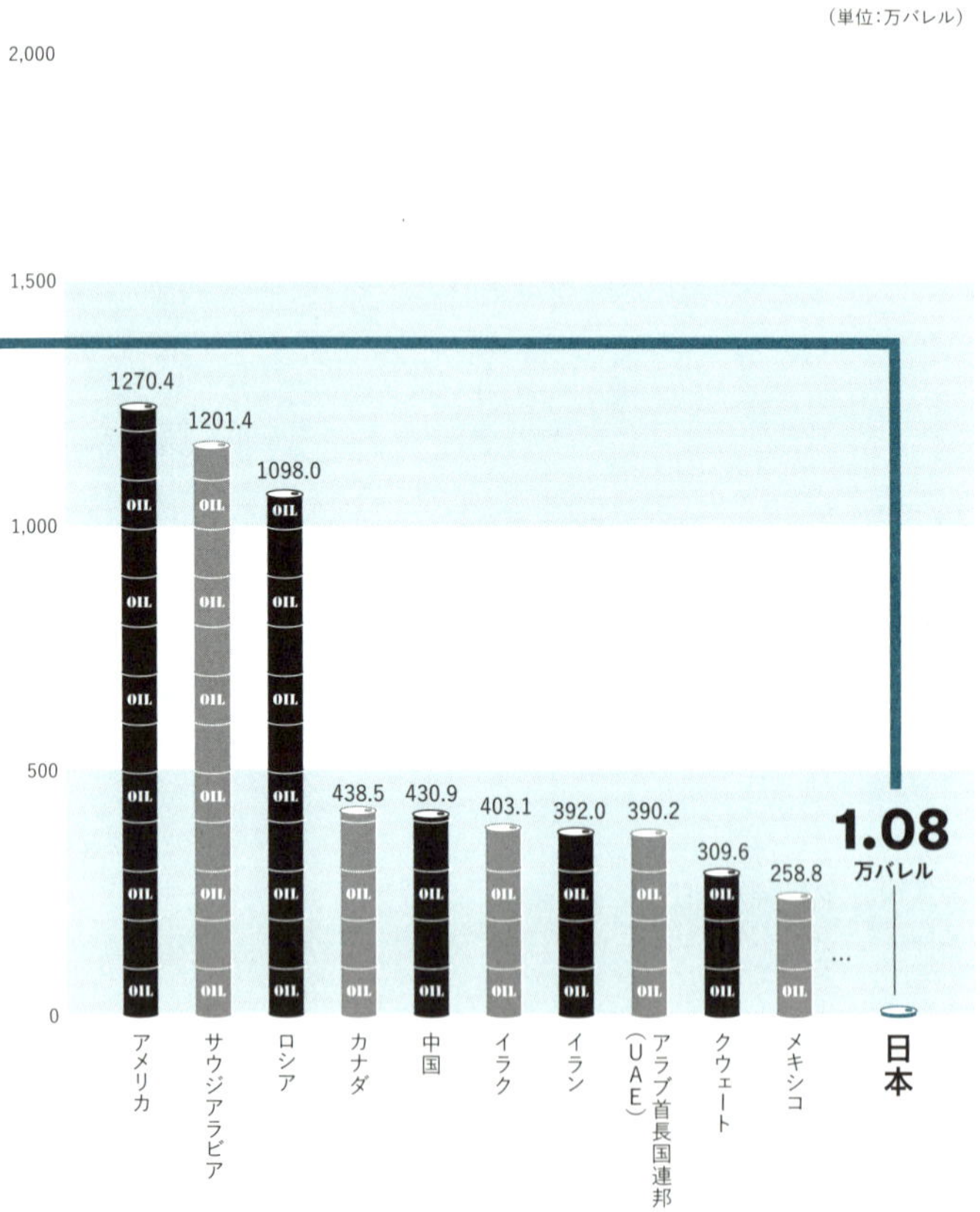

日本の原油使用量は1日当たり ☞ **約400万バレル**

☞ 石油を輸入に頼る日本

石油の単位 ➔ 159 リットル ＝ 1 バレル

1日当たりの石油の消費量の多い国

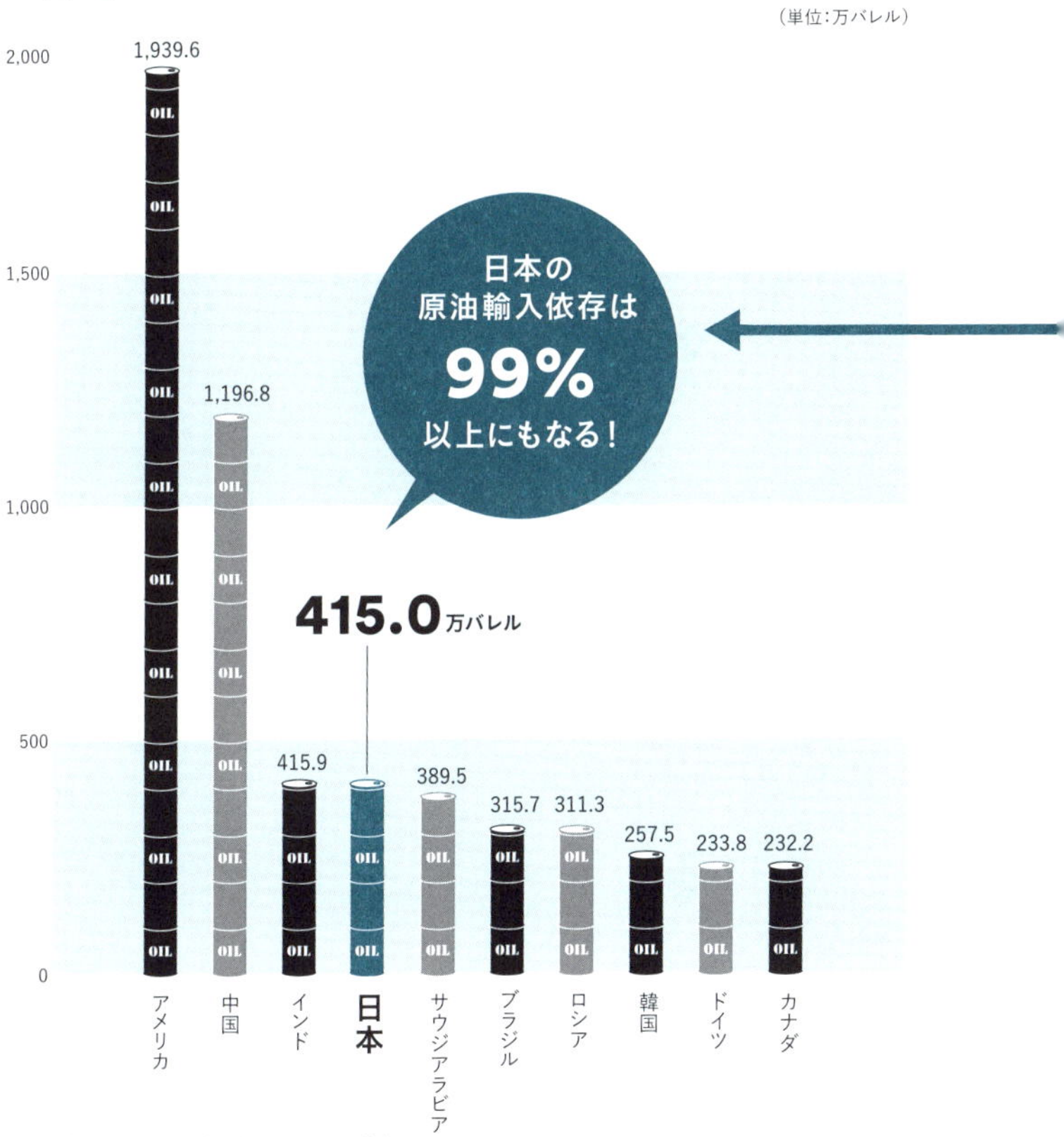

＊「BP 世界エネルギー統計 2016」より作成

INPUT!!

原油は1バレル当たり ☞ 60ドル前後

No 9 どうして金《きん》が重要視されるのか？

金《きん》の価格はどうなっているか？

原油（☞P.82）と別に、国にとってもう１つ重要な戦略商品があります。これさえあれば泣く子も黙る、何とでも交換できるもの。そう、「金」ですね。

銀でもかまわないのですが、**やはり金が最も便利で一般的な最終的交換手段です。**東西冷戦時代では、旧ソビエト連邦や中国との貿易決済があるときは、最終的には金での調整となったようです。

金は、インフレや社会不安のあるときや、地政学的に不安定な地域では選好されます。

では、金はいったいいくらするものなのでしょうか？　現在の価格で、５００ｇなら２５０万円、１kgならなんと５００万円程度です。

すなわち、**金の価格は1g当たり5000円前後**と覚えておきましょう（日経新聞「市場体温計」欄では、2018年2月で約4560円）。

国も重要視する金《きん》の保有

各国の中央銀行の大金庫には金塊があります。金利を生まない金を保有することは、時代遅れという説もありますが、金利自体がきわめて低い今では、金を持ちたい新興国の中央銀行もあるようです。

ときどきインフレが起きて貨幣価値が下がり、またデノミネーション（インフレで通貨金額の桁数が大きくなったために通貨単位の切り上げや切り下げを行うこと）の経験があるためか、フランスの中央銀行は金が好きなようです（フランスは1960年に100分の1のデノミを行っています）。

ひょっとしたら、通貨というものが消えたとき、人間が最後のよりどころにするのは金なのかもしれません。

原油と違ってかさばらず、たとえば、**20kg程度の金塊を持つことで、いつの時代でも1億円程度の価値が享受できる**のです。

金《きん》の価格はここをチェック！

市場体温計

東証1部

22日

日経平均株価(225種)　**21736円44銭(－234円37銭)**
騰落率＝－1.066%

東証株価指数(TOPIX)　**1746.17**　(－15.44)
騰落率＝－0.876%

売買代金　2590220百万円　(－96060百万円)
売買高　134948万株　(－3254万株)
売買単価　1919.4円
売買高上位10銘柄の占有率　24.3%
上場銘柄数　2066　値上がり　542
売買成立　2066　値下がり　1455　変わらず　69
新値株(昨年来)　高値　42　安値　15
騰落レシオ(25日移動平均)　87.20%
時価総額　6575402億円　(－54434億円)
普通株式数(百万株)　317763　1株当たり時価(円)　2069.27

金の価格

〈外国為替・商品〉

1ドル＝107.46～107.48円
1ユーロ＝131.88～131.92円
ユーロ／ドル　1ユーロ＝1.2272～1.2274ドル
(17時、銀行間直物、日銀公表)

金(1グラム)　4562円　(－28円)
原油(1キロリットル)　40680円　(－80円)
(東京商品取引所の期先清算値)
<日経・東商取商品指数>02年＝100
258.01　(－1.00)
工業品　257.01　(－1.02)
※カッコ内のプラス・マイナスは前日比

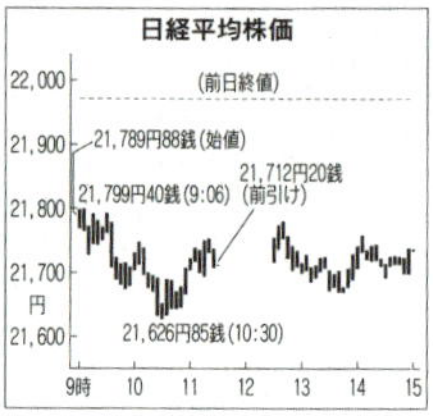

＊日本経済新聞2018年2月23日付朝刊より

20kgの金塊の価値は ☞ **1億円**

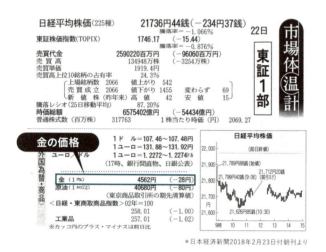

☞ 通貨と金《きん》

そもそも通貨とは…

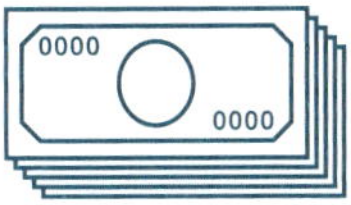

政府が価値を保証した場合 ⇨ 安心して使えるおカネになる

保証する国の政府が
信頼できない ⇨ 紙くず同然になってしまう
おそれもある

金《きん》なら世界中で価値が認められている

INPUT!!

金は1g ☞ **5,000円前後**

数字力を試すドリル　その2

Q1.	日本の10年国債の金利は？	Ⓐ 2％ Ⓑ 0.05％
Q2.	アメリカの10年国債「USトレジャリー」の金利は？	Ⓐ 2.93％ Ⓑ 7.63％
Q3.	普通預金の金利は？	Ⓐ 年0.001％ Ⓑ 年0.1％
Q4.	バブル絶頂期の日経平均株価は？	Ⓐ 4万円近く Ⓑ 8万円近く
Q5.	東証株価指数（TOPIX）は？	Ⓐ 800 Ⓑ 1,800
Q6.	東証1部の現在の時価総額は？	Ⓐ 350兆円 Ⓑ 650兆円
Q7.	現在の円ドル相場は？	Ⓐ 107円前後 Ⓑ 130円前後
Q8.	1バレル当たりの原油価格は？	Ⓐ 60ドル前後 Ⓑ 130ドル前後
Q9.	金は1グラムあたりいくら？	Ⓐ 2,000円前後 Ⓑ 5,000円前後

答え　Q.1／B→54ページ　Q.2／A→58ページ　Q.3／A→62ページ　Q.4／A→66ページ　Q.5／B→70ページ　Q.6／B→74ページ　Q.7／A→78ページ　Q.8／A→82ページ　Q.9／B→86ページ

UNDERSTANDING THE NIKKEI

PART 1

CHAPTER 3

知っておくと記事を深読みできる数字

№1 → №8

№1 日本の国家予算と税収入額

国家予算は100兆円、税収入は約60兆円

経済社会を税の面から見ていくと、各種の経済指標とはまた違う風景が現れてきます。

今から27年前、国税収入の規模は60兆円程度でした。今は58兆円ですから、**この27年で税収は伸びるどころか、減少してしまった**のです。

その間、**支出である国家予算はおよそ100兆円と約4割増加しています。**

そして、この27年間にたまりにたまった借金の総額は、1年間の税収の17倍にもなっているのです。

税収入の内訳を知っておこう

では、58兆円ある国税収入の内訳を見てみましょう。

サラリーマンの場合、源泉徴収で納めている**所得税は、およそ58兆円の国税収入のうち30％、18兆円を占めています**。

残りの40兆円のうち、筆頭を占めるのは消費税で、**税収総額は17・1兆円程度です**（2017年度予算）。そこから地方に消費税の一部が渡る（地方交付税）ので、国に残る金額はだいたい15兆円ぐらいだと思います。

3番目に多いのが**「法人税」**です。日本の法人税率は世界最高レベルとの議論をよく聞きます。その一方で、日本の法人税の徴収額は、実際にはとても少ないという議論もあります。これは、どちらも正しいのです。

税率そのものを見ると、30％割れ（2017年度）と言われていますが、いまだに世界では高税率であることは事実でしょう。しかし、金額で見ると、利益をたくさん出していて、300兆円以上もキャッシュを貯め込んでいる企業群から取れる**法人税収はわずかに12兆円しかないのです**（2017年度予算）。

2015年には、上場企業に絞っても、**史上最高益となる50兆円以上の利益を計上**しています。なのに、未上場の数百万の会社を合わせても税収が12兆円とは、なんと言い訳しても少なすぎますね。

実際は、あの手この手で税を免れている企業が多くあるのもまた事実なのです。

相続税は大幅に重税化

ここまでで47兆円となりました。

残りの11兆円は「その他」ですが、そのうち**「相続税」は2015年から大幅に重税化しています。**ここ数年、納税総額で1兆5000億円程度で推移していましたが、今後は増えていくかもしれません。

なお、**地方税は35兆円規模**と覚えておきましょう。

☞ 27年間で財政構造はこう変化した

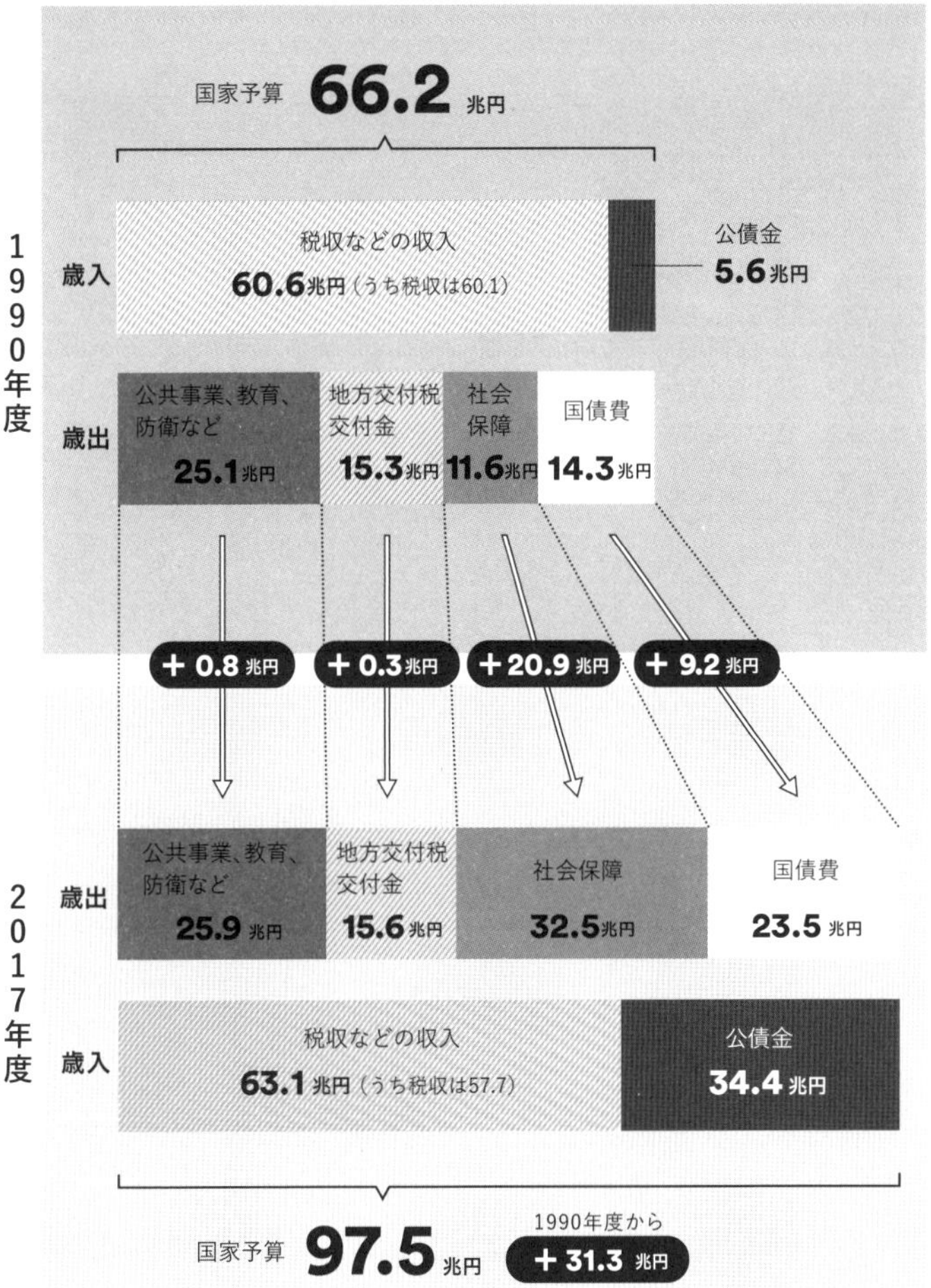

＊財務省「これからの日本のために財政を考える」より

INPUT!!

国家予算は ☞ **おおよそ100兆円**

№2 時価総額が日本で1位の会社、世界で1位の会社は？

時価総額の大きい会社は評価も高い

日本の企業で、株式の時価総額が最大の会社はどこだと思いますか？　**トヨタ自動車が1位で、24兆円程度**となっています。

ちなみに、家具のニトリはここ数年で時価総額が急拡大していて、経営者がマスコミなどに取り上げられることも多いようです。「時価総額が拡大した」のは「企業価値を高めた経営者が優秀だ」と判断されるからです。

時価総額が大きくなれば、やたらにほかの企業から買収されることも少なくなります。

革新を繰り返す米国企業

では、世界で最大の時価総額を誇る企業はどこでしょうか？　今のところは米国のAppleです（2016年になって、Googleの持ち株会社Alphabet社に抜かれることも出てきましたが）。**現在のAppleの時価総額はおよそ92兆円に近く、トヨタ自動車の3・9倍程度もあります。税引き後利益は5兆円**ともいわれ、日本の国防予算5兆円（2017年）と同額の規模となっています。

ところで、その昔は大きな会社といえば、鉄や石油の会社と相場が決まっていました。しかし、今はネット社会。時価総額が高いのは、AppleやGoogle、Amazon、Facebook、Microsoftなどです。ICT（情報通信技術）株が上位を占めています。

これに関連した言葉に**「FANG」**があります。米国の株式市場では2015年半ばに「ほかのものは売ってもFANGは売るな」と言われていたそうです。

このFANGは、**Facebook、Amazon、Netflix、Google**のイニシャルです。本業以外でも新しい技術革新を断行している企業群といえます。

革新を拒めば退場を迫られる厳しい米国市場ですが、このFANGはソーシャル、モバイル、シェア、クラウド、ビッグデータなどすべてに絡んでいて、つねに変革を繰り返しています。悔しいですが、米国1位の企業が世界1位と同義語となっているのが現実です。

＊180.co.jpから引用（単位：億ドル）

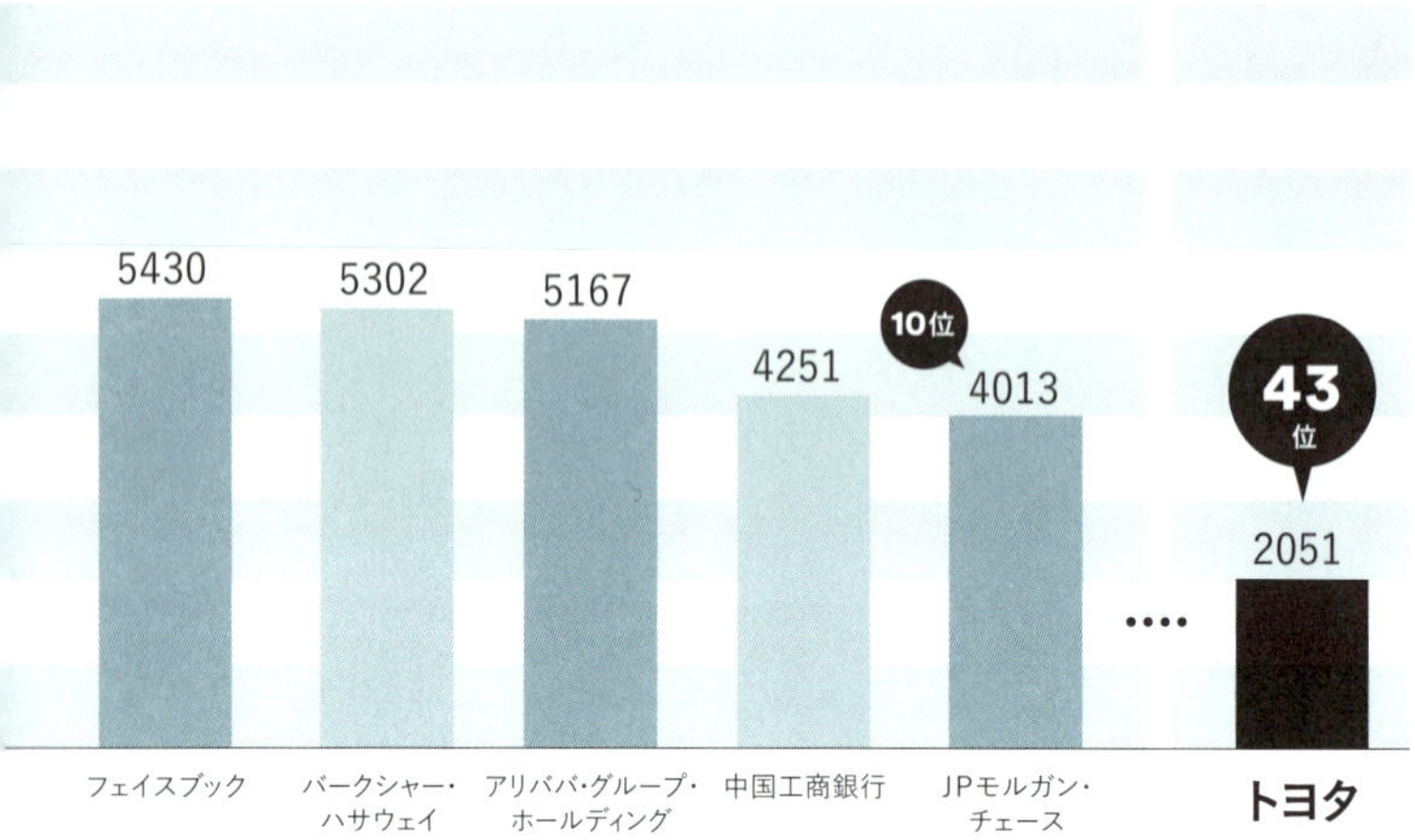

＊日経電子版2018年2月23日より（単位：兆円）

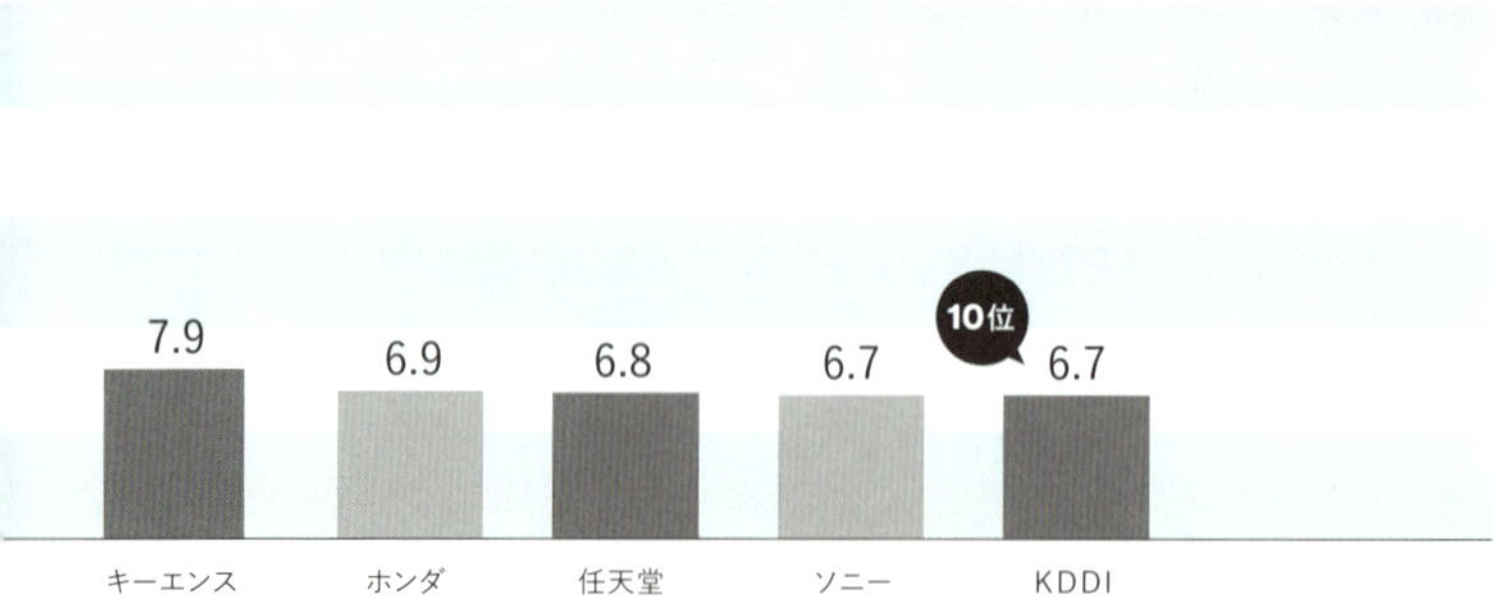

時価総額世界1位は ☞ **アップルで約92兆円**

☞ 世界・日本企業の時価総額ランキング

時価総額 世界トップ10

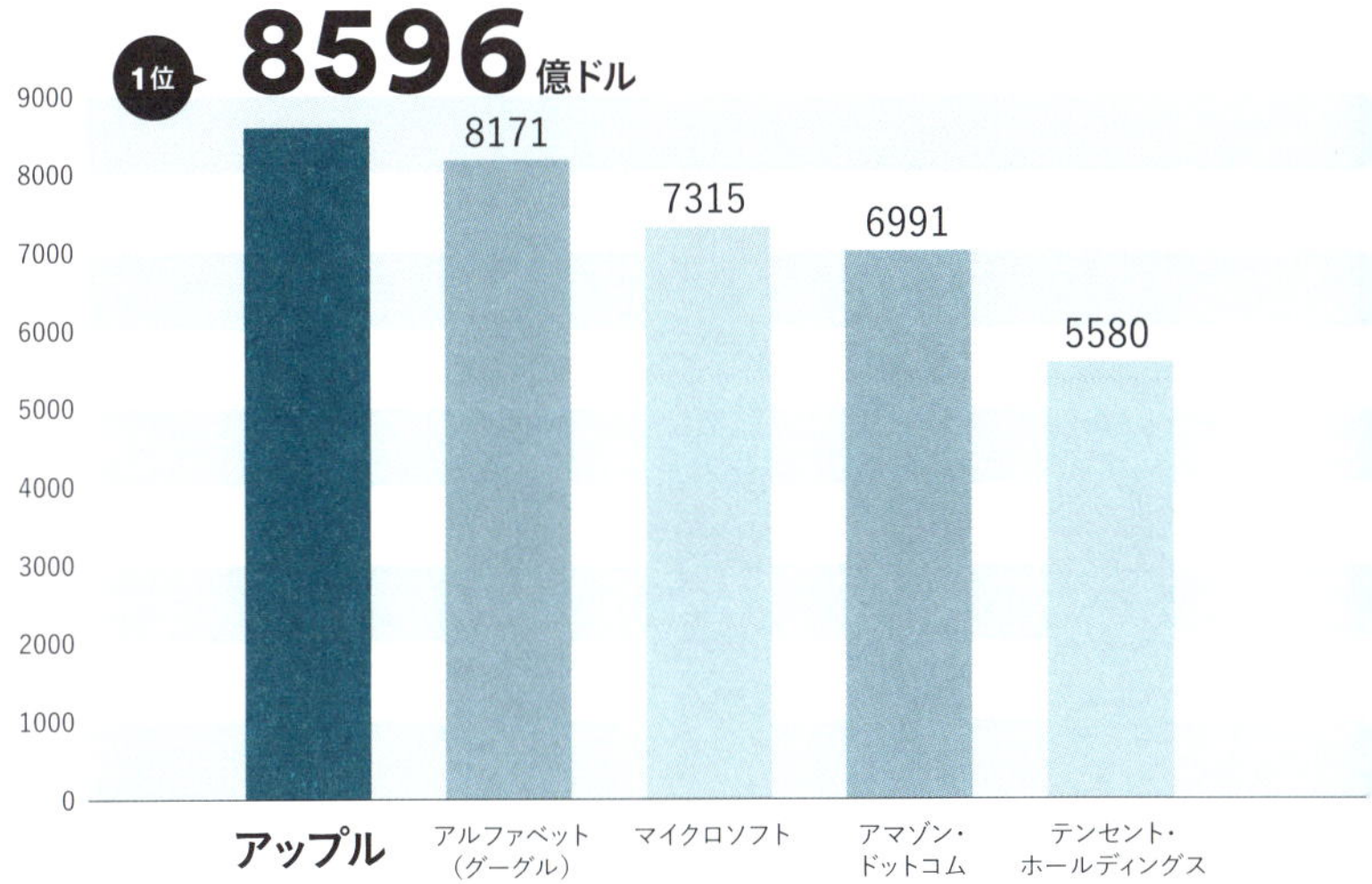

時価総額 日本トップ10

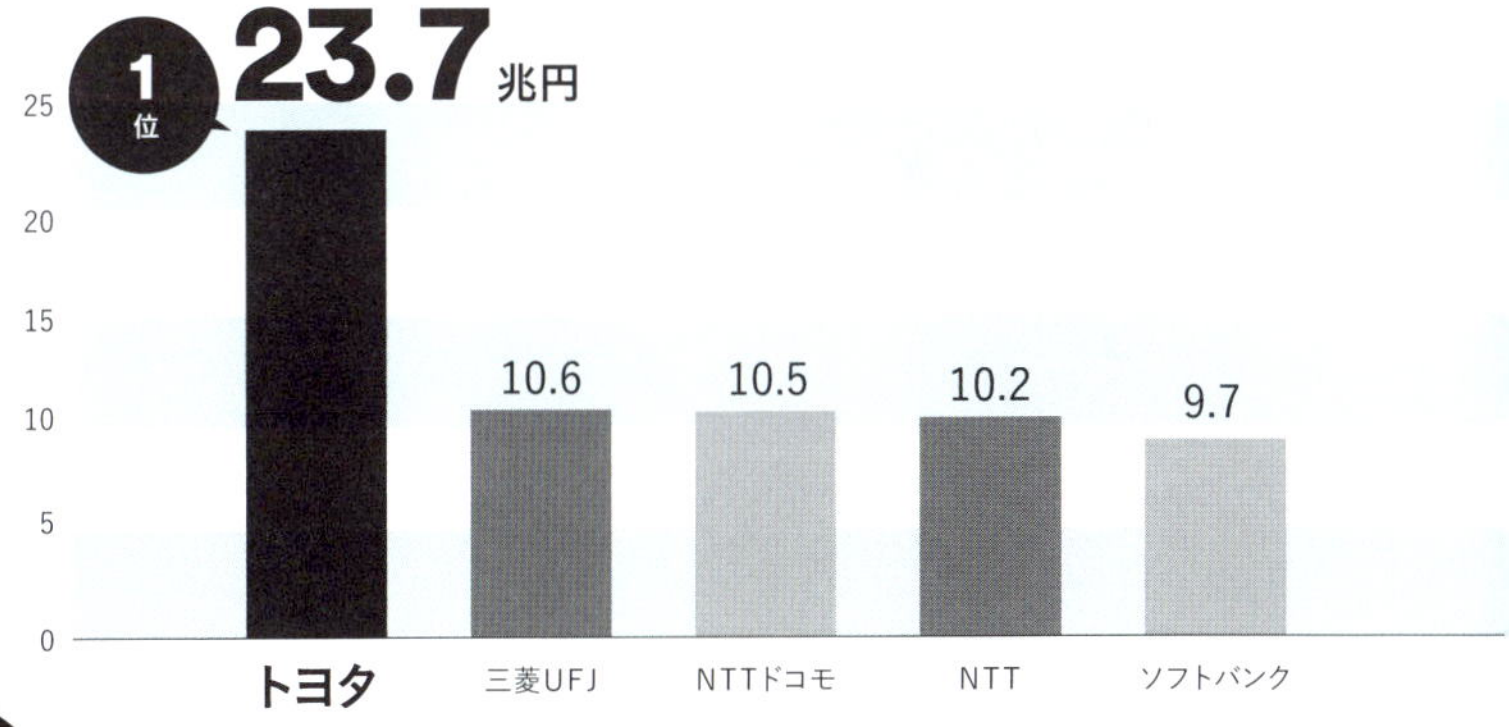

INPUT!!

時価総額日本1位は ☞ **トヨタで約24兆円**

№3 コンビニ全店の年間売上高はどれくらい？

日本にコンビニは何軒ある？

「日本にはコンビニがゴマンとある」といえますが、**実は店舗数は約5万店。**シャレのようですが、実数で5万7千店なのです（2017年）。

2016年には業界3位のファミリーマートが4位のサークルKサンクスと経営統合し、それまで店舗数で圧倒的1位だったセブンイレブンに肉薄するなど、何かと話題に事欠かない業界です。

ちなみに、日本のコンビニ第1号店は1974年に東京の豊洲に出店したセブンイレブン。当初は米国企業にロイヤリティを払って運営していたのですが、日本で事業を展開する過程で米国の本社を買収しています。

推計して、数字のあたりをつける

コンビニは年間でどれぐらいの売上があると思いますか？ ヒントは、「コンビニの1日当たり売上高は50万円から70万円」です。

売上高を1日平均60万円とすると、稼働日は年中無休で365日、店舗数は5・7万店です。「1日1店当たりの売上高60万円×稼働日数365日×全店舗数5・7万店」で、**日本のコンビニの年間総売上は12兆円程度**だと推計できるわけです。

このように、見当もつかない数字でも、見当のつく数字をもとに計算すれば、あたりをつけることができます。**推計の精度を上げるには、キーとなる基本数字をいくつかインプットし、定期的に数値をアップデートすること**です。

ところで日本の個人消費総額が300兆円ですから、そのうちの12兆円は重要なチャネルといえます。一方で、コンビニの母体であった**総合スーパー（GMS）**は苦戦中。1996年頃の17兆円をピークに、現在は13兆円程度となっています。

食品は微増または横ばいの7〜8兆円をキープしていますが、衣料品は壊滅的。以前の半分以下で、低下傾向は収まっていません。1997年以降、急成長したユニクロの売上を見れば、その理由は一目瞭然です。

コンビニエンスストア（全店）の年間売上高の推計

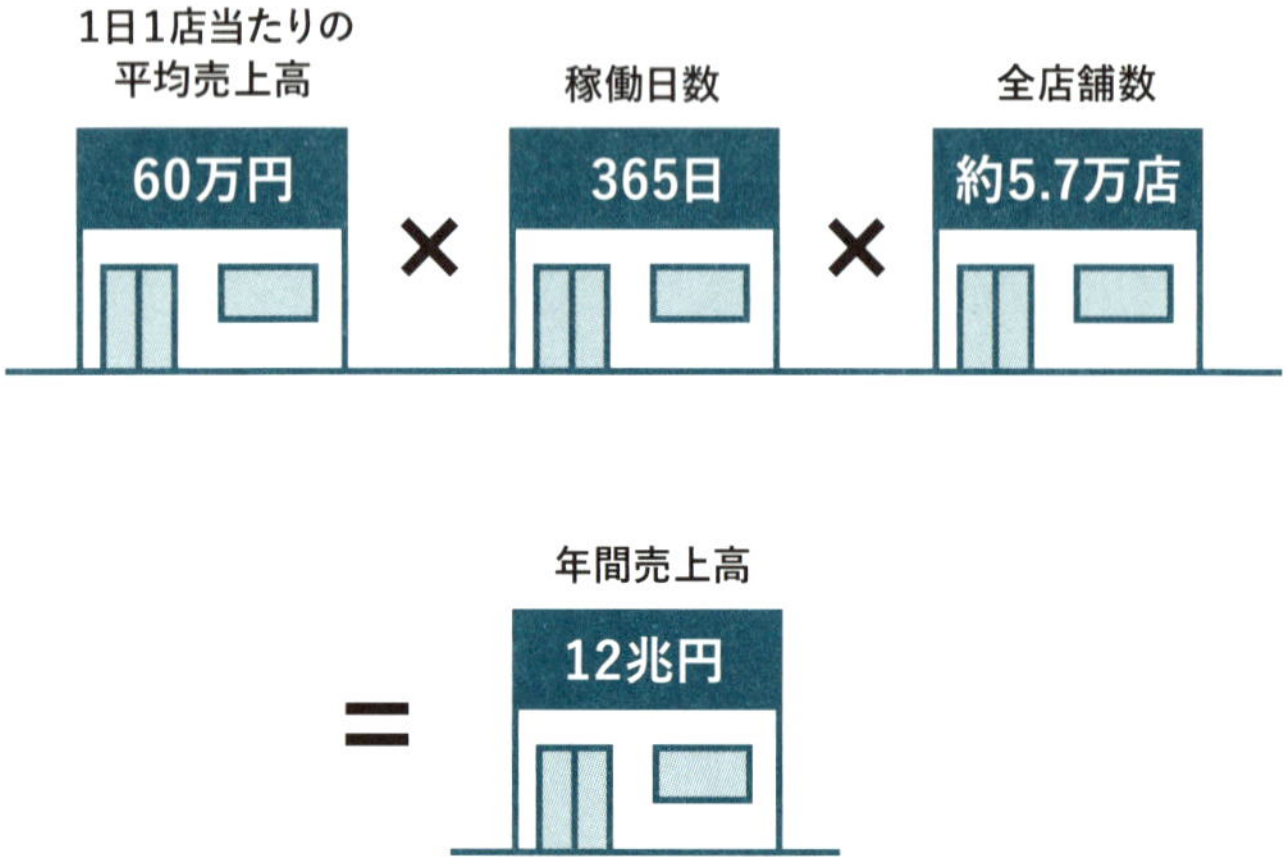

推計の精度を上げるには…
- キーとなる基本数字をいくつかインプットする
- 定期的にその数値をアップデートする

コンビニエンスストア業界の年間売上高は ☞ **約12兆円**

☞ コンビニエンスストア業界の全貌

コンビニエンスストアの店舗数

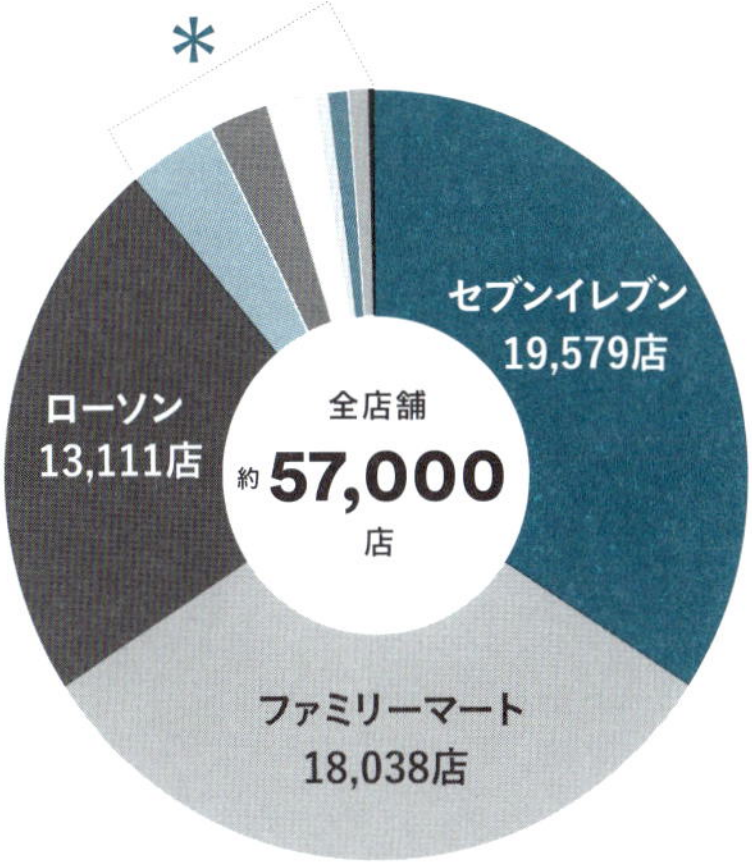

* 内訳

ミニストップ	2,244店
デイリーヤマザキ	1,426店
セイコーマート	1,180店
ポプラ	469店
スリーエフ	438店
セーブオン	415店
その他	

＊各企業ホームページより作成（2017年）

INPUT!!

コンビニエンスストアの全店舗数は ☞ **約5.7万店**

№ 4 高齢者って、日本に何人くらいいるの？

中国には高齢者が2億人もいる！

童謡「船頭さん」をご存じでしょうか。1941年、太平洋戦争の始まった年に生まれた歌です。「村の渡しの船頭さんは、今年六十のおじいさん」が出だしですが、「60歳のおじいさん」には違和感がありませんか？　私はあります。

しかし、60歳で年金が出た時代は、60歳でも十分におじいさんだったのかもしれません。

半世紀前くらいまでは、小学校、中学校の校長先生の定年は55歳でした。

最近では、大手企業が一応60歳で定年になるものの、65歳まで再雇用になり、70歳まで非常勤職で勤務できるところもちらほら出てきました。

日本人の平均寿命が延びているので驚くこともありませんが、定年以降も仕事を続ける元気な高齢者が増えているのはよいことでしょう。

一方、**医療費や年金関係の支出（社会保障費）は、今や国の予算の３分の１になっています。**多いと思われる国防費の６倍程度ですが、それでも安心どころではないのが現状です。

お隣の中国も韓国も、今は元気がいいですが、今後、少子高齢化で日本と同じ道をたどると言われています。ちなみに、中国は60歳以上の高齢者の人口が２億人を超えたそうです（総人口の14・８％）。規模が違いますね！

日本の高齢者は、全人口の４分の１以上

日本はどうかというと、**総人口の４分の１以上が65歳以上です。さらに、その約半分が75歳以上**だそうです。少子高齢化の傾向は止まらず、一人当たりのＧＤＰの世界ランキングも急低下（第22位）。町にもお金のない高齢者が増えてきています。

一度衰退したかに見えたアメリカも、世界の主要言語である英語を活かし、また移民の力で復活（現在は大統領が強硬姿勢を見せていますが）。

それはともかく、日本国民の４分の１が65歳以上だということ、さらにそのうち半分は75歳以上だということは覚えておいてください。

75歳以上の人口の推計

総人口

1億2700万人

÷

65歳以上の総人口に対する割合

4

÷

75歳以上の65歳以上に対する割合

2

＝

75歳以上の人口

約1600万人

65歳以上のうち ☞ **約半分が75歳以上**

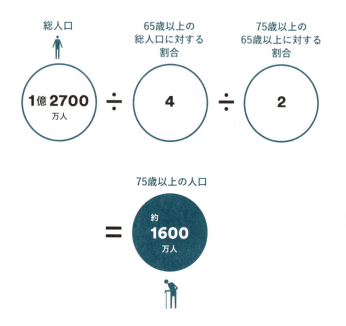

☞ 総人口の４分の１が65歳以上に

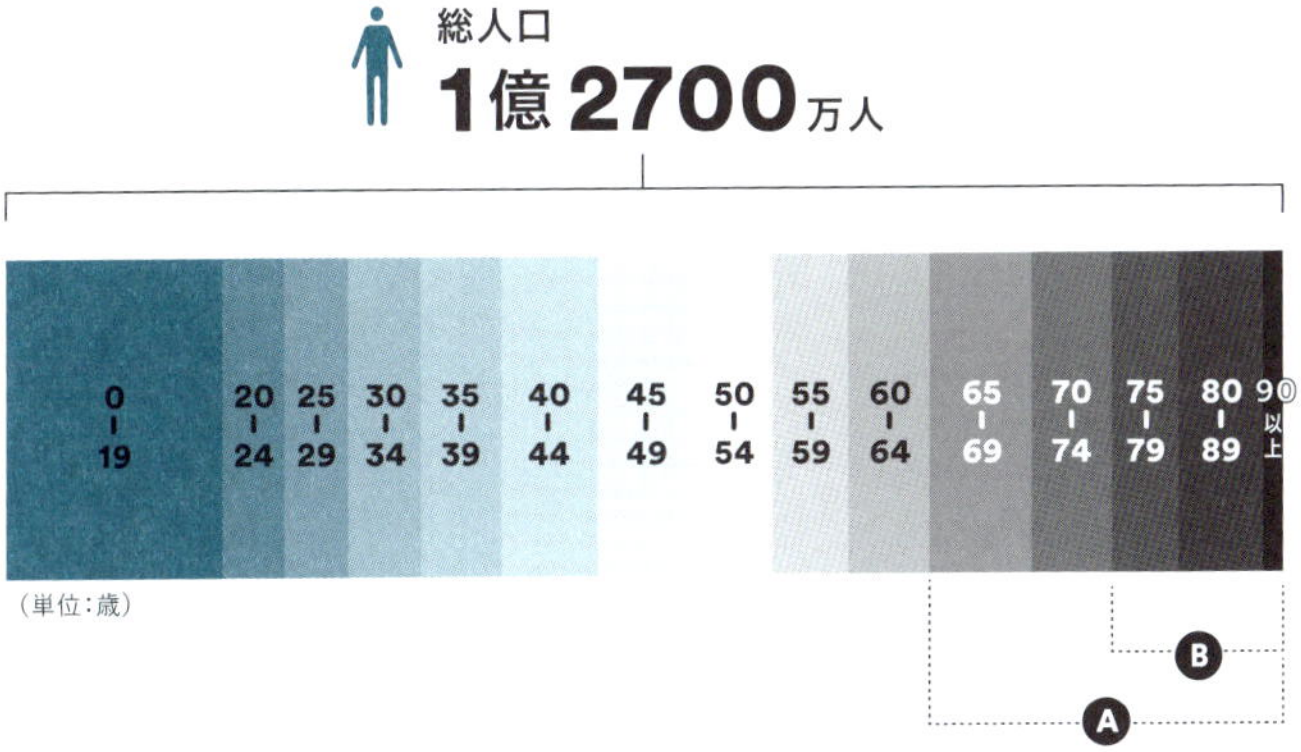

Ⓐ 総人口の 1/4 が65歳以上　Ⓑ 65歳以上の 1/2 が75歳以上

＊総務省統計局ホームページより（2017年概算値）

INPUT!!

総人口の ☞ ４分の１が65歳以上

No 5

日本の所得格差が広がっている

所得格差を数値で示す「ジニ係数」

「1億総中流」と言われたのも、すっかり過去のことになってしまいました。超富裕層がいる一方で、**子どもの6人に1人が貧困家庭となっている**のが現状です。

数値として所得や富の集中度を測定するものに、**「ジニ係数」**があります。「ジニ係数」は、昨今の格差議論のなかで話題に上ることが多いので、この機会に覚えておきましょう。

たとえば、国民全員が同額の所得を得ていれば、ジニ係数は0・00。逆に王様が1人で富を独占し、残りの国民は個人所得なしの状態であれば、ジニ係数は1・00となります。

中間のジニ係数0・5とは、トップ10%の人々が富の75%を取り、残りの90%の人々で25%を分け合う状態です。このままだと、国民の間で不公平感が蔓延し、暴動が起きる可能性もあるかもしれません。

年収10億円の人がいる一方で、年収200万円の人がたくさんいる現実を見ると、わが国のジニ係数が上昇していることを実感せざるを得ません。実際、**2014年のジニ係数は0・38**となっています。

その要因の一つに、**給与所得者5千数百万人のうち、2000万人の人々が非正規雇用者で、多くの場合、給与水準が低く、生涯賃金もきわめて低い**ことがあります（☞P.33）。

日本の自殺者数は減少傾向だが……

悲しいことに、このような経済問題を理由に自殺の道を選ぶ人も出てきています。統計上、経済問題は自殺の原因の2位です。

さて、**日本の自殺者数はこの十数年来、年間3万人を超えていましたが、直近はやや減少して約2万2000人**と報道されています。とはいえ私には異常値に見えますが、世界と比較するとどうでしょうか。人口の母数が違うので、一般的には人口10万人当たりの自殺者数を比較することで、大まかな国際比較が可能になるとされています。いずれにしろ、社会福祉や制度の面から自殺者を減らす方策を真剣に考えるべき時にきているのは確かです。

日本の自殺者数の推移

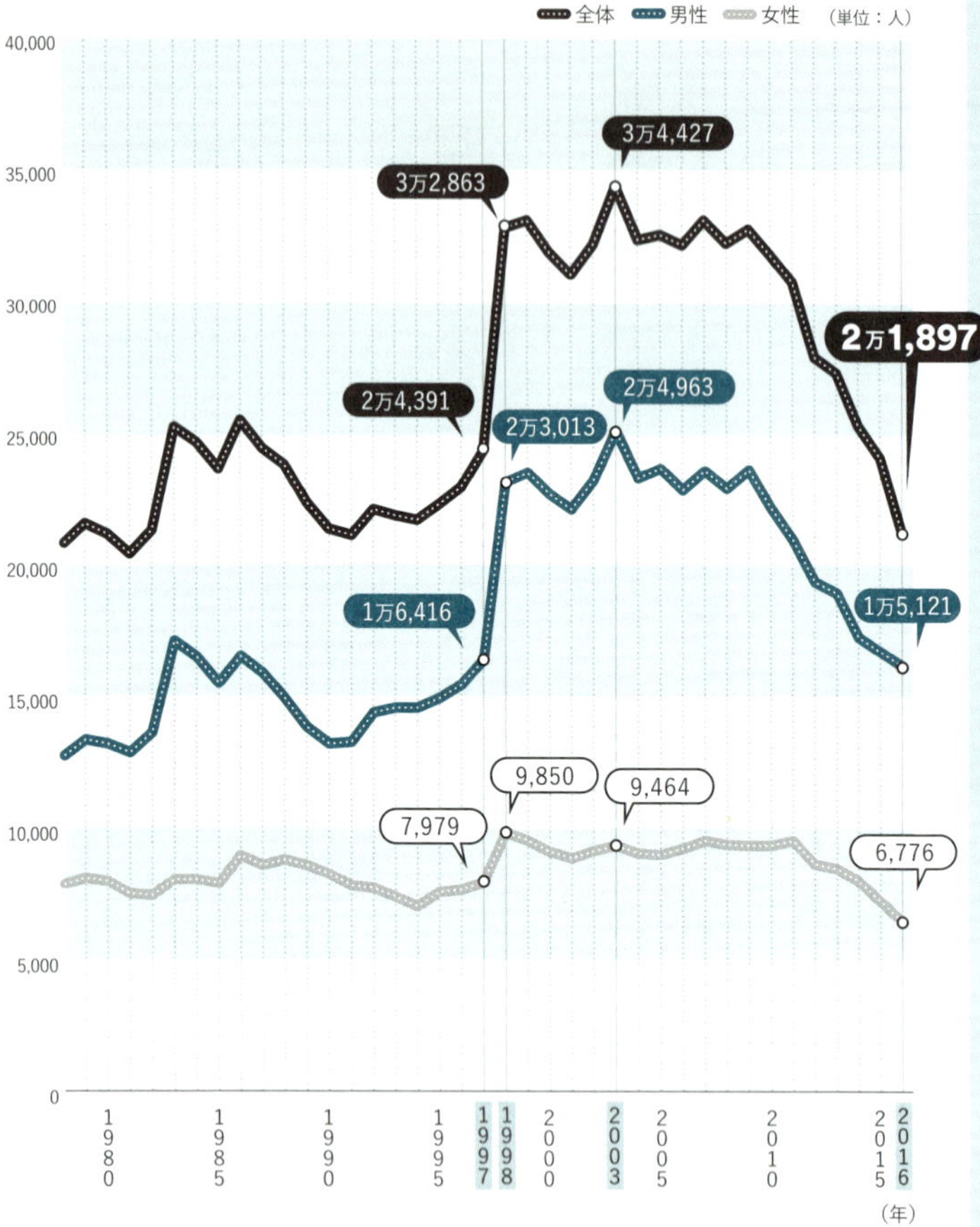

＊警察庁「自殺統計」より厚生労働省自殺対策推進室作成

日本の自殺者数は ☞ **約２万2,000人**

☞ ジニ係数と自殺者数

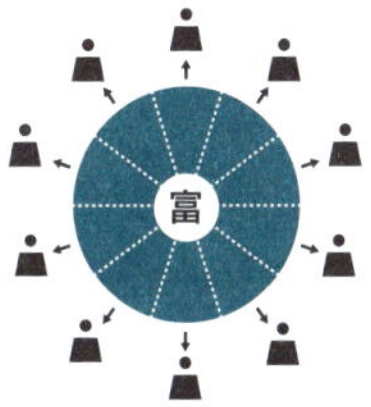

ジニ係数
0.00

国民全員が
同額の所得を
得ている

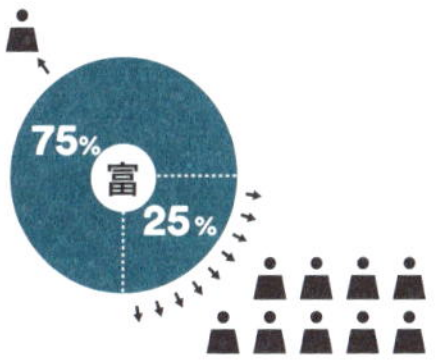

ジニ係数
0.5

トップ10%の人々が
富の75%を取り、
残りの90%の人々で
25%を分け合う

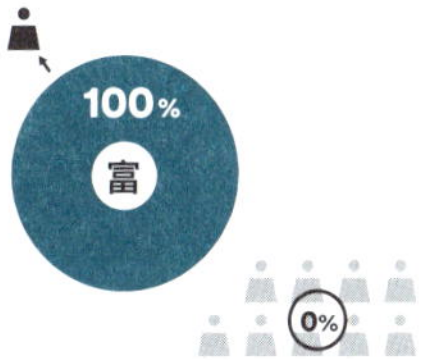

ジニ係数
1.00

1人が富を独占し、
残りの人は
所得なし

INPUT!!

日本のジニ係数は ☞ **0.38**

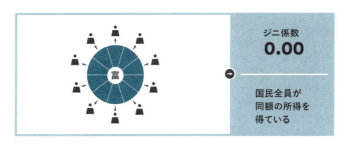

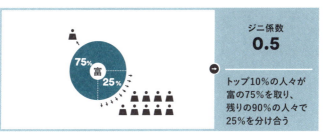

№6 日本を訪れる外国人旅行者が増えている

日本経済の明るい話題「インバウンド」

何かと暗い話題の多い日本経済において、**インバウンド効果**は明るい話題です。インバウンドとは**外国人観光客**のこと。2017年の外国人観光客は2800万人超にもなりました。単純計算で、**1ヶ月に230万人の外国人が日本を訪れているのです。**

インバウンドを国・地域別で見ると、2017年では中国から735万人、韓国714万人、台湾456万人、香港223万人となっています。米国がそれに続いて137万人です。中国、韓国からの旅行客が圧倒していますが、全体でも前年比19・3%増とうなぎ登り。特に**韓国からの訪日客は40・3%増**です。日韓関係の悪化にともない、訪日客の減少の可能性がささやかれましたが、特に影響もなく順調に数を増やしているようです。

訪日客増加の理由としては、円安の進行、観光ビザの発給要件の緩和（中国）といった要素に加えて、**LCC**（格安航空会社）の人気、日本のよいイメージの定着などがあります。

4兆円ものインバウンド効果が！

訪日客が日本のGDPに与えるインパクトは言うまでもありません。なにせ、個人消費はGDP500兆円のうち60％を占めています（☞P.25）から。

2017年に訪日外国人が旅行で消費した額は、一人当たり15万4000円と推計されています。これに訪日者数を掛けると、**全体では4兆4000億円**。日本経済にとって願ってもないインバウンド効果でしょう。

一方で、2017年に海外を訪れた日本人数（アウトバウンド）は1800万人。2015年には、アウトバウンドの消費とインバウンドの消費金額が均衡し、**55年ぶりに旅行収支が黒字化**したというニュースもありました。

政府は2020年には、訪日客数4000万人も視野に入れているようです。その場合は**6兆円を超える消費が予測されます**。国内の消費が低迷するなかで、6兆円の「おかげさま」があれば、さすがに一息つけるでしょう。

2017年

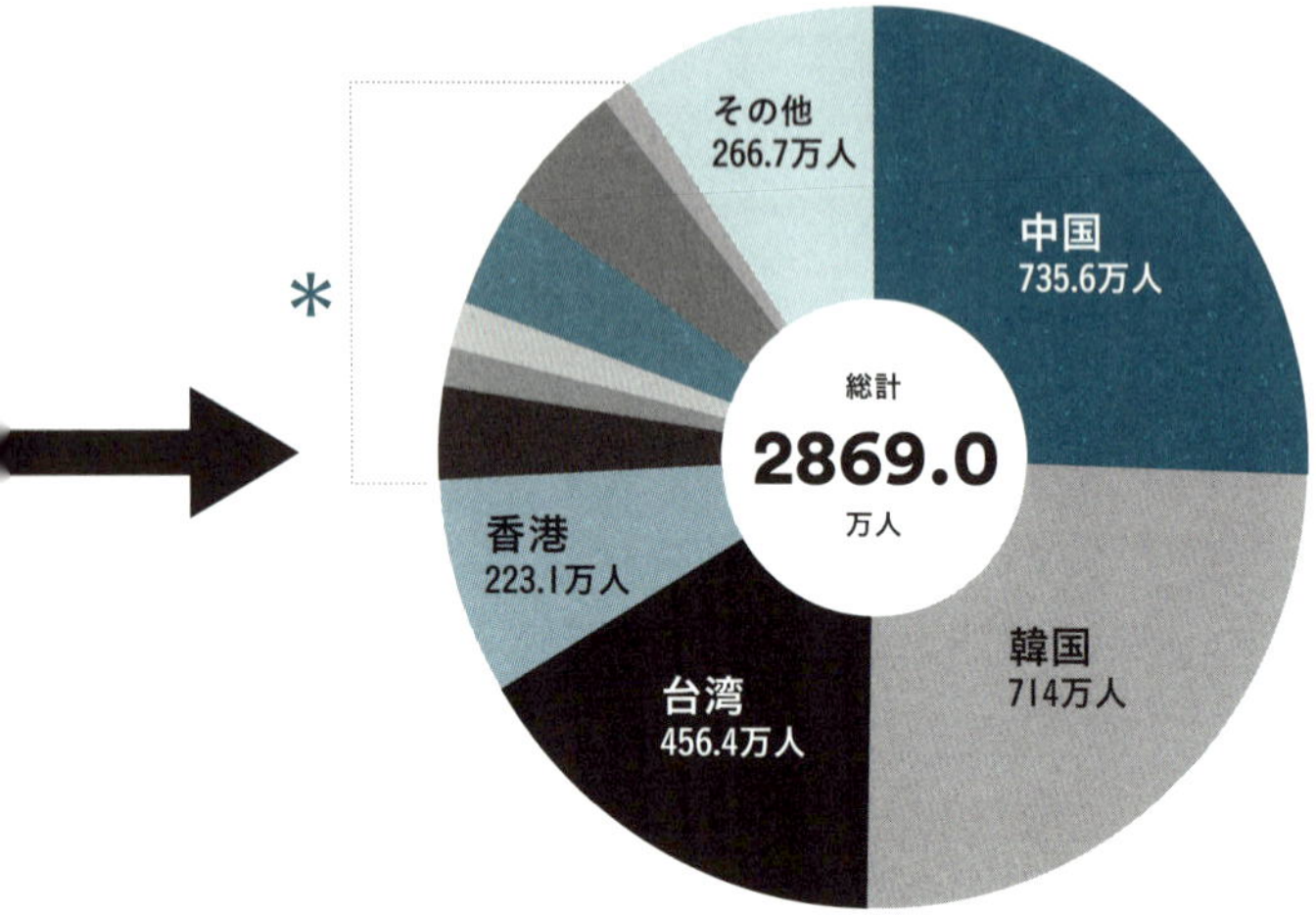

* 内訳

タイ	98.7万人
シンガポール	40.4万人
マレーシア	44.0万人
その他アジア	122.0万人
アメリカ	137.5万人
カナダ	30.6万人

＊「日本政府観光局（JNTO）」報道発表資料より作成

日本経済に与えたインバウンド効果は ☞ **4兆4,000億円**

☞ 外国人旅行者はどこから？

2016年

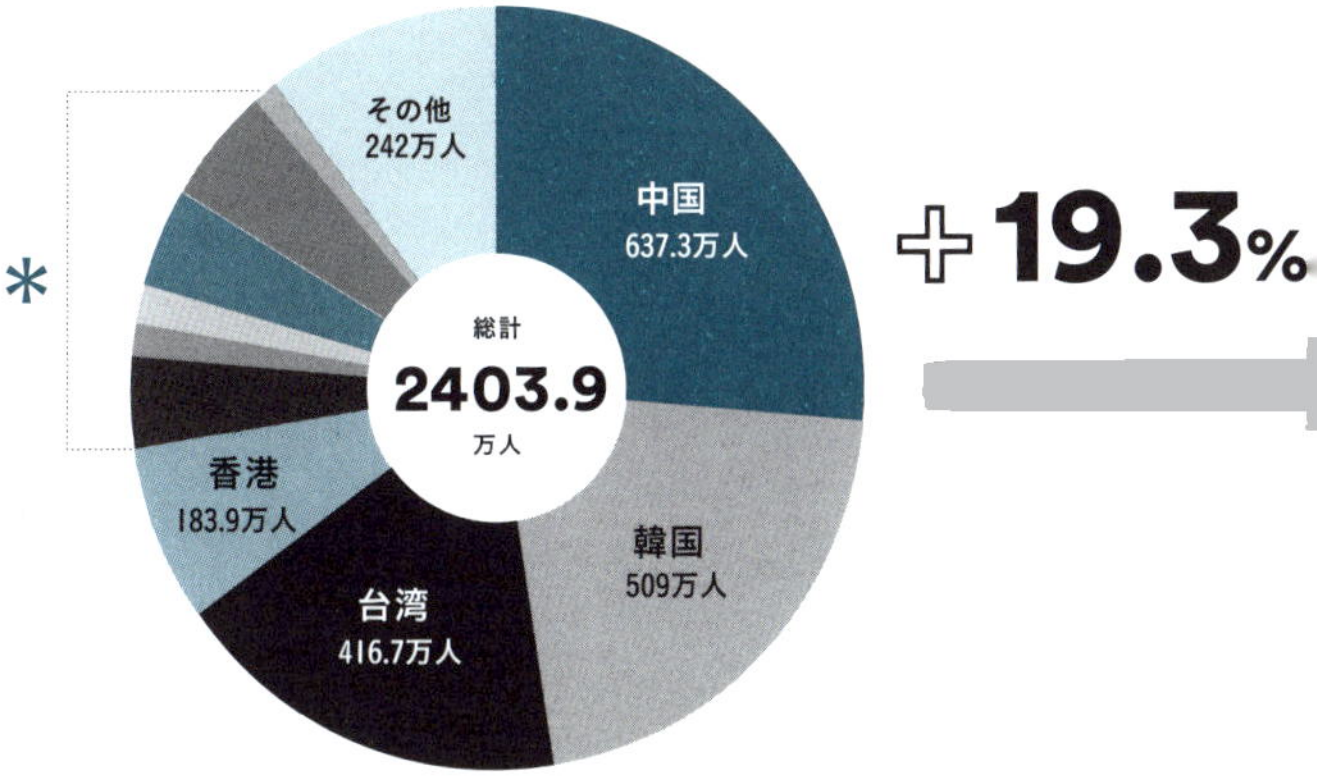

＊ 内訳

- タイ …… 90.1万人
- シンガポール 36.2万人
- マレーシア …… 39.4万人
- その他アジア 97.6万人
- アメリカ …… 124.3万人
- カナダ …… 27.3万人

INPUT!!

2017年に日本を訪れた外国人は ☞ **月に230万人**

№7 日本の穀物自給率は何%?

農家は60年前の5分の1に激減している

現在、日本の農家の数はどのくらいなのでしょうか。２０１７年の「労働力調査」によると、**労働者の３%で、２００万人強が農業従事者**のようです。60年前は１０００万人が農家だったようですから、農家の数は5分の1に激減しているのです。

加えて、農業従事者の平均年齢は、一般的に高齢者とされる65歳に近いと思われます。一言でいえば、1億２７００万人の食料を、２００万人の高齢者が支えている状況なのです。

さらにわが国は食生活の変化などの影響もあり、**穀物自給率は３割を切っています（２０１６年で28%）**。米はがんばっていますが、国民支出ベースではパン代金に抜かれているようです。

山形のサクランボなどのブランド商品は海外でも人気ですが、輸出金額ベースでは過去最高とはいえ、まだ微々たるものです（7500億円程度、2016年）。

逆に、日本では今、年間8兆円程度も農産物を輸入しています。日本の輸入額（2016年で66・0兆円）の12％が農産物という計算になります。

ほとんどを海外に依存している食料が、いったん何かの理由で止められた場合、身動きできなくなるのは明白でしょう。

世界の穀物自給率はどれぐらい？

英国は、かつて食料は大陸から輸入すればいいとの認識から工業化を推し進めていたところ、ナポレオンに封鎖されてしまった経験や、ナチスドイツが大陸を制覇した経験から、最近では穀物自給に舵を切り、2013年には統計上の自給率が86％となっています。

英国では家庭菜園も盛んで、自分で農作物を栽培して、仲間と別の作物を交換しながら、家庭ベースで自給自足を完成している人も多く見かけます。

また、中国、ドイツ、ブラジル、インド、スウェーデン、米国、ロシア、タイも穀物自給率は100％以上です。農業大国のフランス、カナダ、アルゼンチン、オーストラリアは余るくらいで輸出しています。雪深いスイスでも、40％は自給しているようです。

ＦＡＯ（国連食糧農業機関）は、オランダ、日本など穀物自給率が3割以下の国は心配と発表しています。今後、ＴＰＰで海外から安い米がますます入りやすくなり、自給率がさらに悪化するのは、なんとしても避けたいところです。

☞ 自給率を諸外国と比較すると？

	穀類	野菜類	果実類	肉類	卵類	牛乳・乳製品	魚介類	砂糖類
アメリカ	127	90	74	116	105	104	70	79
カナダ	202	55	17	129	94	95	96	9
ドイツ	113	40	25	114	71	123	24	106
スペイン	75	183	135	125	108	76	60	23
フランス	189	73	57	98	100	123	30	182
イタリア	69	141	106	79	90	68	19	17
オランダ	16	284	22	176	241	224	65	122
スウェーデン	110	38	4	63	95	87	52	98
イギリス	86	38	5	69	88	81	55	59
スイス	42	46	37	80	54	102	2	54
オーストラリア	279	82	90	166	99	146	29	228
日本	28	80	41	53	97	62	53	28

＊諸外国は2013年データ、日本のみ2016年データ

補足
- 農林水産省「食料需給表」、FAO"Food Balance Sheets"をもとに農林水産省で試算
- 穀類のうち、米については玄米に換算
- 牛乳・乳製品については、生乳換算によるものであり、バターを含んでいる
- 魚介類については、飼肥料も含む魚介類全体についての自給率である

FAO（国連食糧農業機関）は、
穀物自給率３割以下の国を危険水準として発表している！

INPUT!!

日本の穀物自給率は ☞ **３割以下**

No 8

世界経済は、どれくらいのペースで拡大している？

「世界経済見通し」を知っていますか？

日銀短観や米国雇用統計など、月ごと、四半期ごとに発表される数値にはたくさんのものがあります。景気ウォッチャーたちは、これらの数字に一喜一憂しますが、それも当然。**発表される数字によって為替や株式が大きく変動する**からです。

米国の証券会社の社員が数字をこっそり早く教えてもらったことがバレて捕まったり、ブルームバーグも特別料金の契約先に数秒早く数字を流したりと、過去にはいろんな事件も起きているぐらいです。

なかでも、IMF（国際通貨基金）が四半期ごとに発表している**「世界経済見通し」**という重要なレポートは必ず押さえておきましょう。

経済誌や有力日刊紙は、必ずその数字を掲載しています（**1月、4月、7月、10月に発表されます**）。**これを見れば、世界がどちらを向いているのか一目瞭然だからです。**

ところで、飛行機に乗ると、いま時速何キロで飛んでいるのか、気になることがありませんか？　着陸でもないのに、時速100キロとなったら墜落してしまいます。

同じように、**世界経済がどの程度の速度で拡大しているかがわかるのが、この「世界経済見通し」です。2018年は3・9％と予測されています**。ちなみに2017年は3・7％でした。

世界経済も、3％以下だと墜落の危険が出てきますが、3・9％であれば悪くないでしょう。

日本の2018年は、1・2％と予測されています。

数字だけでなく、前回からの変化も確認する

IMFのレポートには、前回調査からの変化率も発表されますので、変化もよく見て今後の成長を予測してみましょう。

エコノミストであれば、「世界経済見通し」を隅から隅まで読むことが必要です。しかし、

みなさんの場合は、まずそんな発表があること、その数字が世界中で注目されていること、そして**前回の発表からの変化も注目される**ことを知っていれば十分でしょう。

数字は、世界全体と、先進国、新興国、それぞれの主要国の実質経済成長率を表した形で新聞に掲載されています。1、4、7、10月は、数字待ちでそわそわして落ち着かない状態になれば立派なものです。

☞ IMFの「世界経済見通し」をチェック！

IMF（国際通貨基金）とは

主要責務	• 国際的通貨協力の推進 • 国際貿易の拡大とバランスの取れた成長の促進 • 為替安定の促進 • 多国間決済システム確立の支援 • 国際収支上の困難に陥っている加盟国への（適切なセーフガードを伴う）財源提供
加盟国	189ヶ国
本部	ワシントンD.C.
スタッフ	148ヶ国より約2,700人

世界経済見通し

		推計	予測		2017年10月との差※	
	2016年	2017年	2018年	2019年	2018年	2019年
世界	3.2	3.7	3.9	3.9	0.2	0.2
先進国・地域	1.7	2.3	2.3	2.2	0.3	0.4
• アメリカ	1.5	2.3	2.7	2.5	0.4	0.6
• ユーロ圏	1.8	2.4	2.2	2.0	0.3	0.3
• 日本	0.9	1.8	1.2	0.9	0.5	0.1
• イギリス	1.9	1.7	1.5	1.5	0.0	-0.1
新興国・地域および途上国・地域	4.4	4.7	4.9	5.0	0.0	0.0
• ロシア	-0.2	1.8	1.7	1.5	0.1	0.0
• 中国	6.7	6.8	6.6	6.4	0.1	0.1
• インド	7.1	6.7	7.4	7.8	0.0	0.0

※2018年1月発表分・一部抜粋

INPUT!!

2018年の世界経済の成長予測は ☞ **3.9%**

数字力を試すドリル その3

Q1. 日本の国家予算は？

A 100兆円
B 300兆円

Q2. 時価総額が日本で1番の会社は？

A トヨタ
B NTTドコモ

Q3. 日本のコンビニエンスストアの全店舗数は？

A 約2.7万店
B 約5.7万店

Q4. 日本の人口で65歳以上が占める割合は？

A 4分の1
B 5分の1

Q5. 日本の1年間の自殺者数は？

A 約1万5,000人
B 約2万2,000人

Q6. 2017年に日本を訪れた外国人旅行者数は？

A 月に50万人
B 月に230万人

Q7. 日本の穀物自給率は？

A 3割以下
B 2割以下

Q8. 2018年の世界経済の成長率予測は？

A 1.5%
B 3.9%

答え　Q.1／A→92ページ　Q.2／A→96ページ　Q.3／B→100ページ　Q.4／A→104ページ
Q.5／B→108ページ　Q.6／B→112ページ　Q.7／A→116ページ　Q.8／B→120ページ

COLUMN

日経新聞の歴史をひもとく

日本経済新聞の歴史をたどると、もとは三井物産の社内新聞だったようです。経済情報や市況の重要性が増した１８８９年に「中外商業新報」として独立しました。

当時、世界はエッフェル塔の完成に象徴されるように、フランス革命１００周年記念ムードのなか、よき時代を謳歌していました。同時に、主な国々がアジア・アフリカに市場や資源を求めて拡大した時期でもあります。

世界三大経済紙のＷＳＪ（ウォール・ストリート・ジャーナル）やＦＴ（フィナンシャル・タイムズ）もほぼ同年に創刊されています。経済の時代を予見したものでしょう。

戦後の１９４６年に、題号を「日本経済新聞」と改め、現在に至っています。日本経済の発展とともに発行部数は増加し、現在約２７０万部となっています。この数字は経済紙では世界一と言ってよいでしょう。また、最近ではＦＴを傘下に収めています。

２７０万部発行の、国民の数パーセントのためのクオリティー・ペーパー（エリートを対象にした質重視の新聞）です。というと身構えてしまいますが、その必要はありません。たとえれば自転車に乗るようなものです。最初から上手に乗れる人はいませんよね。

日経新聞もまったく同様です。少しの鍛錬ですぐに読めるようになります。そのコツは、ＰＡＲＴ２でこれからご紹介していきます。

PART 2

UNDERSTANDING THE NIKKEI

なる読み方のコツ

ユニクロはSPA
成功を収めた。

じゃあ、『ユニクロはSPAという事業形態で成功を収め…』とあるけど、この「SPA」とはなんだ?

週刊誌です!

カンタンっすよ!!

日本経済が身近に

初心者でも経済が身近になる日経新聞の読み方をしよう

日経新聞1日分の情報量は文庫本2冊に相当する

みなさんは、新書や文庫本1冊をどれくらいの時間で読み切ることができるでしょうか。

早いときは1時間足らずかもしれませんが、テーマや文章を読むのに時間がかかる人だと10時間以上かかることもあるでしょう。

ここで新書や文庫本を出したのは、実は日経新聞は新書や文庫本2冊分に相当する情報量が掲載されているからです。

新聞を4回折りたたむと、文庫本より多少小さいくらいのサイズになります。つまり日経新聞1ページが文庫サイズの16ページに換算されます。およそ半分が広告などとはいえ40ページほどあるので、文庫サイズ640ページ。大変な情報量です。

しかし、新聞を読むのに毎日何時間もかけるわけにはいきません。毎日のルーティンには負担が大きすぎます。

1面には重要な情報がぎっしり詰まっている

各方面の重要ニュースのサマリー

情報工作に対抗
対ロシア、米英仏が監視 9

今国会に提出へ
受動喫煙 対策法案 4

プロ野球くじ検討
八百長対策が課題 3

M字カーブほぼ解消 3
女性の労働参加が拡大している。女性の労働力率は2017年に69%と過去最高になった。出産や育児で主に30歳代が離職する「M字カーブ現象」もほぼ解消。女性の労働参加を欧米先進国でトップクラスの水準にするには、男女の処遇差の解消や男性の育児休業取得推進など必要になる。

企業、都市農地借りやすく 5
農林水産省は企業やNPOが農業に参入しやすくする。都市部に農地を開設するための手続きを簡単にし、所有者と直接契約を結べるようにする。税優遇切れで農地の大量放出が心配される「2022年問題」に先手を打ち、農地の担い手を広げて農業に活力を与えるねらいだ。

ホンダジェット、なぜ首位 15
ホンダのビジネスジェット機「ホンダジェット」の2017年の納入機数が機種別で初の年間首位となった。機体のサイズや市場は異なるものの、開発が難航する三菱重工業の「MRJ」とは対照的だ。航空機参入の高い壁を乗り越え、ホンダが結果を出せたのはなぜなのか。

TODAY'S ASIA
米GM、韓国政府と神経戦 13
米ゼネラル・モーターズ（GM）と韓国政府が、韓国GMの工場存廃を巡って神経戦を繰り広げている。GMが韓国南西部の群山工場の閉鎖を決めたことがきっかけ。このほどGMは幹部を韓国に派遣。両者の交渉は最初のヤマ場を迎えている。

Jリーグ25周年 きょう開幕

オピニオン

WORLD MARKETS

病院ベッド 39道県で過剰
不要な入院招く懸念

医療費抑制へ知事に権限

病院のベッドが足りない地域もある
（2025年に必要なベッドに比べた実数の比率）

人口千人あたりの病床数

スタートアップ資金調達
AI分野で中国世界一
昨年世界の48%、米を抜く

総額152億ドルのうち中国がほぼ半分を占めた

明治安田、300万人に増配
死亡率低下分還元 他の生保追随も

スマホで入店前注文・決済
日本マクドナルド
全2900店に導入

皇太子さま58歳に
「社会の要請 応えていく」

春秋

コラム

＊日本経済新聞2018年2月23日付朝刊より

とはいえ、心配は無用です。**すべての情報に目を通す必要はない**からです。日経新聞に慣れてくると、どこに何が書いてあり、自分に必要な情報はどれか、どこを飛ばしても大きな問題はないかがわかってきます。

経済通になれる日経新聞の読み方

ここでは、経済が身近になる日経新聞の読み方を紹介します。特に日経新聞初心者の人におすすめの方法ばかりですので、ぜひ試してみてくださいね。

コツ1 毎日、1面だけはじっくり読む

時間が取れない日、疲れている日、また日経新聞の初心者の人は、特に1面をじっくり読みます。

1面は重要事項のサマリーが集約されたページです。そのため、手っ取り早く読みたいときに最適。ただ、どんなに時間がなくても、疲れていても、一字一句読む必要があります。

中面にはさらに詳細な記事が掲載されています。1面に気になった記事があれば、中面の該当記事を探して読むことで、さらに深い知識が得られます。

コツ2 「経済教室」ページで知識を広げる

日経新聞では、ウィークデー（月曜日から金曜日）の紙面の中ほどに、「経済教室」というページがあります。

経済通になる

日経新聞の読み方

一、毎日、1面だけは読んで重要事項を押さえる

二、「経済教室」ページでタイムリーな話題の知識を広げる

三、見出しだけざっと見る
↓
気になった記事のリードを読む
↓
もっと知りたいなら本文を読む

四、円相場、日経平均株価、日銀短観など、数字を追ってメモする

五、毎日、自分にとっての3大ニュースを決めて、人に語れるようにする

このページの**「経済教室」**と**「やさしい経済学」**欄は、社会が抱えている問題をその道の第一人者が解きほぐしてくれるコーナーです。タイムリーな話題が多いので、ぜひ目を通しましょう。切り取ってでも読み込みたい記事です。

コツ3 まず見出しだけ読む

各ページの読み方は、①最初に見出しだけざーっと眺める、②見出しで引っかかった記事はリードまで読む、③もっと知りたい場合は本文も読む、という方法がおすすめです。

見出しだけを流し読みするなら、全ページで5分もかかりません。

コツ4　毎日、指標をメモする

それでもなかなか読む気にならない……という人は、自分が気になる指標（数字）を2、3決めて、見出しに数字が出るたびに手帳にメモする、という方法がいいでしょう。

「数字を追う」ことが習慣になれば、朝、新聞を開くことが楽しみになってきますし、なにより数字のセンスが養成されていきます。

チェックする数字は、**円相場、日経平均株価、日銀短観**などがおすすめです。

コツ5　自分のトップ3ニュースをつくる

ニュースに興味を持ついい方法をお教えしましょう。たとえ5分でも新聞を眺めていれば何かを感じます。その中で、自分の3大ニュースを決めるのです。

世間の常識は関係ありません。自分にとって重要なニュースですから、自分の好物をつくっている会社の決算でも、ビールの値上げと税金でもいいでしょう。**身近なことから日々好奇心を刺激することで、少しずつ経済を見る視野が広がっていきます。**

そうしていると、人に語れるネタの山ができます。人間、何か知ると語りたくなってくるもの。人に語れるくらいになれば、数字を含めてその記事は自分のものになります。

ここで紹介した5つのコツを習慣にすると、いつの間にか数字に強い一流のビジネスマンが完成しますよ。

UNDERSTANDING
THE NIKKEI

PART 2

知っていたら日経新聞が楽に読めるコツ

№1 ↓ №4

CHAPTER
1

No 1 曜日ごとの読み方のコツ

週末には、じっくり質のいい情報を取り込む

パッと見、毎日同じような日経新聞ですが、実は日々の情報にはリズムがあります。特に、曜日ごとの特集や記事の傾向を知っておくと、ぐっと読みやすくなります。

たとえば土曜日、日曜日には、「重要だけどニュース性の低い記事」「時間をかけて丁寧に取材をした記事」が登場します。よく読むと新書1冊分にあたるのではないかと思われるほど、情報の詰まった記事がさりげなく掲載されることもあります。

またおすすめなのは、日経新聞が買収した有力紙の**FT（フィナンシャル・タイムズ）の翻訳コラムです**（オピニオン面に掲載）。世界の知性の最高峰がウィットに富んだ議論を展開していますので、質のいい情報がインプットできるでしょう。

もしかすると、初めて読んだときには理解できないかもしれません。それでも、**1年間は読み続けてみましょう。**経済評論家と同程度の情報が蓄積されます。

さらに、興味がわいた記事はスクラップしておきます。世の中のキーノートとして、議論を出発させることができます。継続は力です。

刻々と変化する数字は、「市場体温計」でチェック

日経平均株価や東証株価指数（TOPIX）、円相場など、毎日刻々と変化する数字は、火曜日〜土曜日に掲載の「市場体温計」でチェックしましょう。

また、日曜版の**「今週の市場」欄には、その週の予定から予想される市場の動きが掲載されます。**世間一般の相場の見方、つまりコンセンサスがうまくまとまっています。

ただし、「ドル・円は膠着か」と書いてあっても、大きく動くことはあります。「株は堅調に推移か」と予測されていても、単純に信じるのはタブーです。

特に株式投資をしている場合など、自分の考えと同じ意見が載ると強気になりがちですが、過信が命とりになる場合もあります。**結果は予測どおりになったのか、違ったのか、それはなぜなのか**なども考えられると、なおよいでしょう。

日曜版の「今週の市場」欄

Outlook 今週の市場

個人マネー、株価下支え

乱高下収まり買い意欲

今週の日経平均株価は底堅い動きとなりそうだ。2月の初旬の乱高下が収まり、投資信託などを通じた個人マネーが業績が安定した銘柄に入ってきた。「3月上旬は株価が上がりやすい」という経験則も下支えとなる。2月27日からの米連邦準備理事会（FRB）のパウエル新議長の議会証言は、今後の米国の利上げ方針を探るうえでの注目イベントになる。

先週23日の株式市場ではこの日に新規設定した投信「野村日本割安低位株オープン」が話題になった。運用開始時点で600億円超を集めた大型投信になったのだ。三井物産や丸紅などの商社株には「新ファンドの組み入れ対象になる」と予想した他の投資家の先回り買いが入った。

同投信の申込期間は2月9～22日。「株式市場が荒れたタイミングだったので心配したが、想定を超える個人資金が集まった」（販売会社の野村証券商品企画部）という。

日米株の変動性指数は低下している

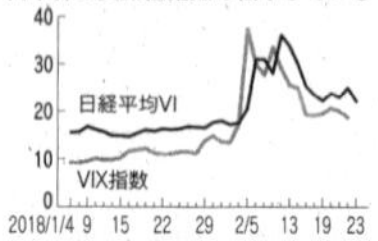

18年は個人と投信の買い越しが目立つ
（東証と大阪取引所、現物と先物の合計）

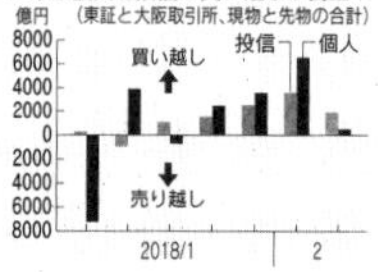

ドイチェ・アセット・マネジメントの藤原延介資産運用研究所長は「相場の上昇基調は崩れていないとみる個人は多く、今の株価水準は買い場と映っている」と指摘する。

個人マネーは需給面で相場を下支えしそうだ。証券口座の現預金にあたるマネー・リザーブ・ファンド（MRF）の残高は13兆円弱と歴史的な多さに膨らんでいる。昨年後半の株高でいったん利益を確定させた個人の資金が、株価が下がれば市場に戻ってくる構図だ。日経平均が2万2000円を下回る水準では、買いに出てくるとみられる。

また毎月第1営業日の株価が20カ月連続で上昇している経験則もある。大和証券によれば3月の第1営業日を含む週の日経平均は過去8年連続で上昇した。「2月から税還付が本格化する影響で米国投資家の需給が改善しやすい」（大和の佐藤光シニアテクニカルアナリスト）という。

2月の相場変調を象徴する株式相場の変動性指数は、日米とも低下傾向にある。良好な企業業績やマクロ景気は揺らいでおらず、株価が落ち着きを取り戻すのに伴って下値不安は薄らいできた。

波乱の芽が完全に消えたわけではない。米国では27日と3月1日にパウエルFRB議長が初の議会証言に臨む。

米国では物価上昇ペースが加速し、利上げ回数が年3回から4回に速まるとの観測が浮上している。パウエル議長の発言がさらなる引き締め観測を誘うようであれば、米長期金利が節目の3%台に乗せる可能性がある。

アセットマネジメントOneの岩間恒ファンドマネジャーは「金利が一気に3・2%程度まで上がれば株式市場は再び動揺する」と警戒する。歴史的な金融緩和からの出口を探る長い道程には、乗り越えるべき高い壁が立ちはだかっている。

（川上穣）

＊日本経済新聞2018年2月25日付朝刊より

☞ 予測記事などはすぐに信じず、自己責任で検討する

☞ 曜日ごとの注目記事

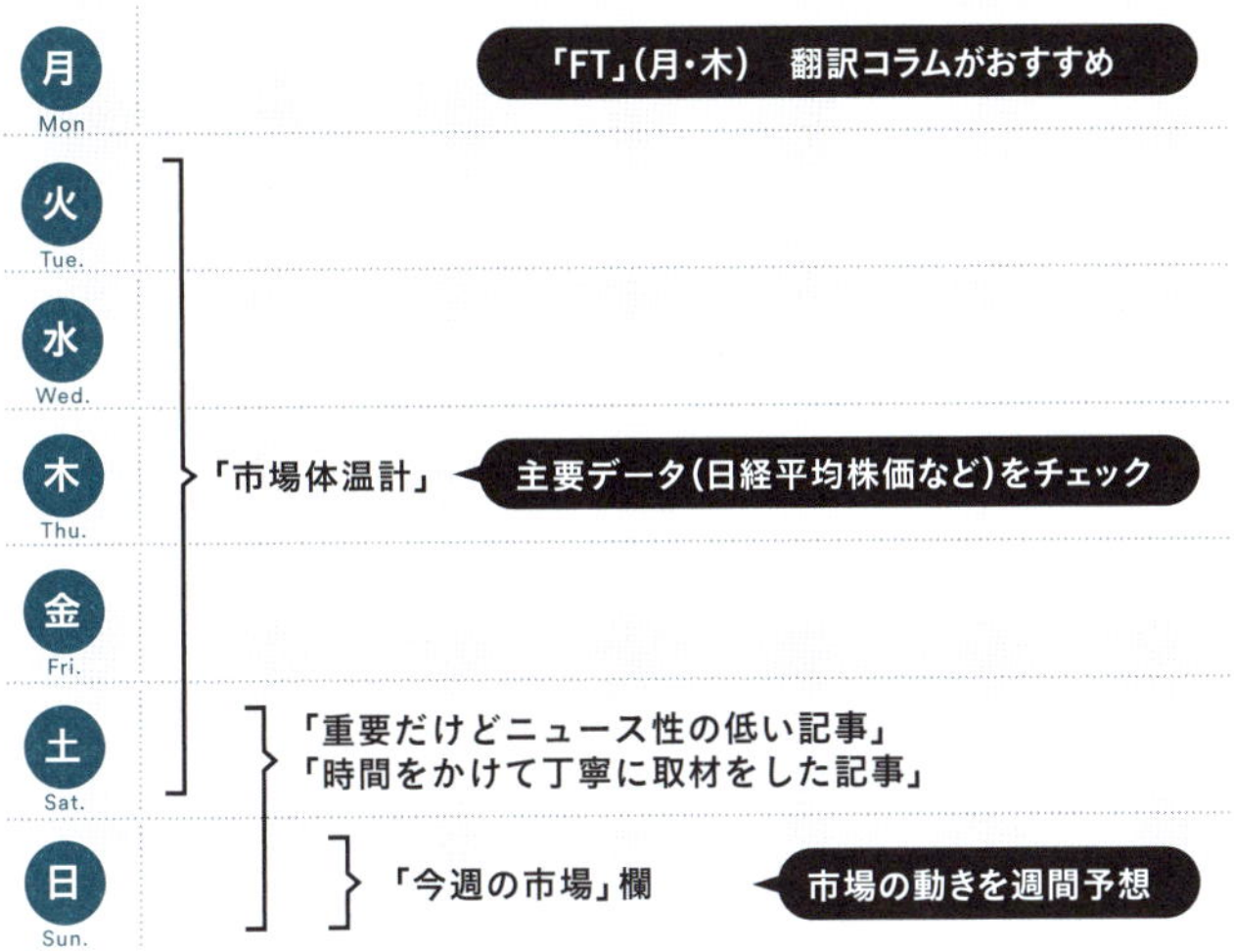

CHECK!!

☞ 日経新聞は、曜日ごとに特徴がある

№2

よく出てくる略語に慣れておく①——CSR

アルファベット3文字略語の意味を知っておこう

以下、日経新聞が楽に読めるようになるコツをご紹介していきます。

日経新聞にはさまざまなアルファベット略語が出てきます。JALが日本航空、ANAが全日空ぐらいは知っていると思いますが、CEO、COO、CFOはわかりますか？ ECB、BOE、FRB、BOJはいかがですか？

新聞記者は、読者がこれらの3文字の意味を理解しているものとして記事をまとめています。取っつきづらく感じるかもしれませんが、言葉ですから知っているかどうかです。

一度知ってしまえば簡単になります。しかもよく使われるのは、せいぜい30種ぐらいです。

30程度の3文字をマスターしたら、世界は違って見えるのです。

「CSR」は、企業経営の中心キーワード

近年、特に露出が高い言葉は**「CSR」**。社会に対してよき〝企業市民〟を目指すという意味です。試しに、上場企業のウェブサイトを確認してみてください。どの企業も例外なくCSRのページを確保し、いかに熱心にCSRを展開しているかを説明しています。

たとえばある企業では、休日に社員総出で河原の掃除をしたり、社会貢献をしたり、持続可能社会のために努力しているとあります。**世はまさに、「CSR時代」の様相を呈しているのです。**

「SRI」という投資の考え方も

CSRは株式市場にも影響を与えていて、CSRの熱心さに注目した**SRI（社会的責任投資）**が注目されています。

投資対象を選択する際に、企業の成長性や財務の健全性などに加え、環境、人権、社会問

題などへの経営の取り組み、「企業統治」といういわゆるガバナンスを重視するということです。

ESG（Environment, Social, Governance）、つまり環境、社会、統治の3つも投資の際に考慮する基準になっています。欧州は特に熱心で、この3つを重視しない企業には投資しません。たとえば、たばこ、対人地雷などの製造にかかわる企業は、投資対象から外れてしまいます。

一方、日本には、古来よりどんな状況でも行動規範となりうる基本思想、近江商人の〝**三方よし**〟があります。「売り手よし、買い手よし、世間よし」の考えがそれです。

☞ ＣＳＲとは

CSR ＝ 企業の社会的責任

Corporate Social Responsibility

企業のＣＳＲ活動例

環境対策、
環境改善活動

障害者雇用や
各種
チャリティ活動

貧困地域での
医療活動、
教育活動

小・中・高校での
出張授業、
工場見学・研修の
受け入れ

⇩

企業の信頼性が高まる

⇩

投資の対象として選ばれやすい（ＳＲＩ）

CHECK!!

☞ CSR（企業の社会的責任）が高いと、
投資の対象として選ばれやすい（SRI）

略称	意味	ざっくり解説
LCC	格安航空会社	出張の際、「LCCを使え」と言われて、「それって何ですか?」と聞かないように
Ph.D	博士号	名刺に印刷している人もいますね
MBA	経営学修士	米大手企業の幹部の多くは、これを持っています
BOJ	日本銀行	外国人は日銀をこう呼びます
FRB	連邦準備制度理事会	どこにも銀行と書いていませんが、米国の中央銀行です
ECB	欧州中央銀行	欧州の中央銀行ですが、フランスやイタリアではBCEといいます
IMF	国際通貨基金	通貨危機になると助けてくれます。早く出動して危機が悪化することもあります
CEO	最高経営責任者	社長のことですが、これを使う人もいます
CFO	最高財務責任者	昔であれば、財務担当の専務といったところです
COO	最高執行責任者	いわば副社長ですが、これが流行りのようです
CPA	公認会計士	読んで字のごとしです
CSR	企業の社会的責任	上場中の全企業がお題目としています
GDP	国内総生産	本書20ページに出てきましたね
VAT	付加価値税(消費税)	欧州では、消費税とほぼ同義語でこの言葉を使います
ROE	株主資本利益率	最近の企業経営の流行りです。いくら金を入れて、いくら儲かったという話

☞ よく見る3文字略語 30選

略称	意味	ざっくり解説
KPI	重要業績評価指標	業績を評価する指標のうち、もっとも重要なもの
SPA	製造小売業	成功している小売業のからくりです。問屋から仕入れるのではなく、自分で作ります
POS	販売時点情報管理	この管理の天才はコンビニです。私が雑誌を買う間に中年男などとインプットされています
LNG	液化天然ガス	原発の休止中に大活躍です。タクシーもこれで走ります
TSE	東京証券取引所	ニューヨークがNYSEなら、こっちはこれだ
FDI	外国直接投資	新興国経済にとっては最重要事項です
ETF	上場投資信託	日銀がREIT（不動産投資信託）とともに買い込んでいます。実質、株ですね
WTI	西部テキサス産原油	北海ブレントとともに重要有名油種で、世界の原油価格の指標です
PER	株価収益率	株価が利益の何倍かを見る指標
TOB	株式公開買い付け	上場会社を丸ごと買いたいときにこれが出てきます
ESG	環境・社会・統治	上場企業の2番目の関心事です。1番目は利益ですよね
AAA	最高信用格付け	一番つぶれそうもない国や機関や会社につきます
SPC	特定目的会社	商法上の会社ではありませんが、経済・金融ではときどき出てきます
M&A	企業の合併、買収	すでに日常の言葉になっていますね
RMB	中国人民元	英語で書くとこうなります。なんのこっちゃと言わないように

No 3

よく出てくる略語に慣れておく②――ROE

「ROE」は、企業の収益性を表す

この数年、CSR（☞P.138）とともに頻出ワードになっているのがROEです。株式市場ではもちろん、入社試験や面接などでも飛び交う言葉になっています。

ROE（Return on Equity）は「株主資本利益率」と訳されます。簡単にいうと、**その企業が「いくらの元手で、いくら儲けたか」、収益性を表す数字**のことです。資本金と今まで貯め込んだ利益を使って、どれだけ儲けることができたかを見ます。株式投資をする際の代表的な指標の一つにもなっています。

ROEは高ければ高いほどよいわけでもありません。100万円で50万円も儲けられるビジネスは怪しいと思いませんか？　つまり、ROE50％は高すぎとなります。

逆に、100万円を使って1万円しか儲けられないビジネスに投資する人は少ないでしょうから、1％では低すぎるということです。

日本のROEは低いと、外国人から批判も

適正な収益性は、事業内容や状況にもよります。株式投資の場合、リスクなどの要因や個人の考え方なども あり、一概にROEの適正率は言えません。ただ一般的に、**日本の企業はROEが低いと、世界から批判されています。**

大型のIPO（株式新規公開）である日本郵政、かんぽ生命、ゆうちょ銀行の株式は、日本の投資家には大人気ですが、外国人投資家にはイマイチのようです。それは、ROEが3％台だから。**外国の投資家は、2ケタのROEがない企業への株式投資は躊躇します。**

しかし、わが国でも昨今、ROEが10％を超えた場合に、役員にボーナスを出すというようなインセンティブをつける会社も散見されるようになりました。

なお、ROEはその計算方法から、「自己資本が少なく借入金が多い会社」でも、ビジネスが好調であれば高くなります。逆に、借入金がゼロで現預金が山のようにあり、自己資本比率が高い会社は、ROEが低くなってしまうので注意が必要です。

ROEの注意点

たとえば、同じ利益を出した場合…

A社

自己資本: ⃝少 **借入金:** ⃝多

例: 資金総額5,000万円、
自己資金1,000万円、
利益300万円の場合

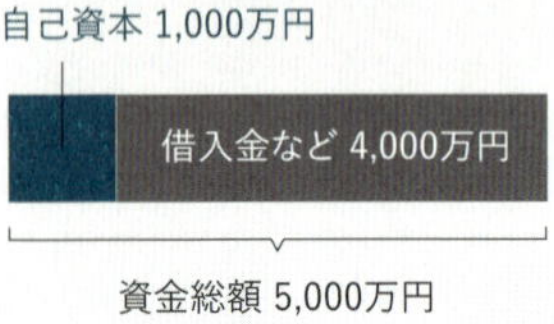

当期純利益 300万円 ÷ 自己資本 1,000万円 × 100

ROE = 30%

ROEが高くなる!

B社

自己資本: ⃝多 **現金:** ⃝多 **借入金:** ⃝少

例: 資金総額5,000万円、
自己資金5,000万円、
利益300万円の場合

当期純利益 300万円 ÷ 自己資本 5,000万円 × 100

ROE = 6%

ROEが低くなる!

☞ ROEは株式投資などの目安になるが、
単純比較には危険性もある

☞ ROE（株主資本利益率）とは

収益から費用を差し引いて計算される、その期の最終的な純利益

当期純利益 ÷ 自己資本 × 100 = ROE（%）

- 企業の資金のうち、出資者から調達した資本金と、これまでの利益など。返済の必要がない
- 企業の資金には、自己資本のほかに借入金など返済の必要がある資金もある

CHECK!!

☞ ROE（株主資本利益率）は企業の収益性を表す

No 4 決算書の数字はこう読む！

「損益計算書（P／L）」で、売上と純利益を見る

日本は、3月と9月の末に決算の会社が多いようです。そこから1ヶ月少し過ぎたころに決算が発表されます。決算時期には日経新聞にも決算公告が多数掲載されるほか、自社サイトに掲載されることもあります。

決算書には、3つの表があります。1つ目の**「損益計算書」**は**「P／L」**とも言われ、P（プロフィット）とL（ロス）、つまり**儲けはいくらかを知る**ための手段です。

P／Lでは、まず**「売上」**を見ます。売上は一番上に出ています。一番下にある**「純利益」**も重要な数字です。**この2つの数字の変化を追う**と、会社の状態を想像できます。

企業の使命は利益の拡大ですが、その決め手はなんといっても売上の増加です。

売上が伸びているのに、逆に利益が出ない場合もあります。事業が成功したために支店を増やしたり工場の設備投資をしたりすると、利益が伸びなくなるからです。しかし、その後は急増することが予想されます。

逆に、破れかぶれのダンピングで商品を売っている場合は、その後に地獄が待っています。このように、売上と利益の変化を追えば、企業の状態がある程度見えてくるのです。

「貸借対照表」「キャッシュフロー計算書」の見方

第2の表は**「貸借対照表」、BS（バランスシート）**ともよばれるもので、**会社に財産がどのくらいあって、負債がどの程度あるのか**を表しています。

資産と負債との差額は、資本金と過去の利益と今期の利益となります。

3つ目が**「キャッシュフロー計算書」**で、近年は特に注目されています。名前のとおり、**キャッシュ（お金）の動き**を表しています。

「営業キャッシュフロー」欄では、仕入れ額と販売額を表しています。当然、販売額のほうが大きくなるはずなので、プラスの数字になります。「投資キャッシュフロー」と「財務キャッシュフロー」はマイナスになっているのが通常です。

キャッシュフロー計算書

勘定科目	金額	
1. 営業キャッシュフロー		プラスか？
⋮		
営業キャッシュフロー	100	
2. 投資キャッシュフロー		マイナスか？
⋮		
投資キャッシュフロー	−20	
3. 財務キャッシュフロー		マイナスか？
⋮		
財務キャッシュフロー	−8	

☞ 「キャッシュフロー計算書」はお金の流れを表す

☞ 決算書はここだけ見る！

損益計算書（P/L）

日経新聞でよく見る！

勘定科目	当期	前期
売上高	100,000	120,000
⋮	⋮	⋮
当期純利益	17,000	18,000

額と変化に注目！

貸借対照表（BS）

日経新聞でよく見る！

借方	貸方
資産	負債
	資本金・利益
1,234,000	1,234,000

「負債」と「資本金・利益」のバランスを見る

左右の合計額は必ず同じ

CHECK!!

☞「損益計算書（P／L）」は儲け、
「貸借対照表（BS）」は資金源と資産状況を表す

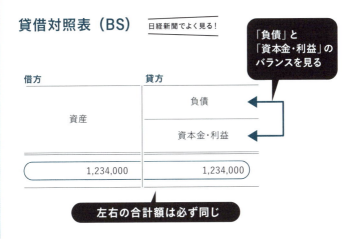

経済知識を試すドリル　その1

Q1.	日経新聞で わからない記事があったら？	Ⓐ 無視する Ⓑ わからなくても1年間は読み続ける
Q2.	「企業の社会的責任」を 3文字のアルファベットで表すと？	Ⓐ CEO Ⓑ CSR
Q3.	ROEの意味は？	Ⓐ 株主資本利益率 Ⓑ 企業の合併、買収
Q4.	会社の資産状況を表す決算書は？	Ⓐ 損益計算書 Ⓑ 貸借対照表

答え　Q.1／B→134ページ　Q.2／B→138ページ　Q.3／A→144ページ　Q.4／B→148ページ

UNDERSTANDING

THE NIKKEI

PART 2

今さら聞けない〝あの〟話題の基本を押さえよう

№ 1 ↓ № 7

CHAPTER

2

No 1 英国の「EU離脱」で、欧州経済の今後の見通しは？

経済への悪影響を心配する動きも

2016年の大ニュースの一つに、**「英国のEU離脱決定」**がありました。BritainとExitを合わせたBrexitという造語も生まれ、私たちに驚きとともに、不安の連鎖を投げかけました。

まず、この**EU（欧州連合）**について、ちょっとおさらいしてみましょう。

EUは、加盟国28、人口世界第3位、面積世界第7位という巨大な集合体です。全参加国による政治的な共同体であり、基本的には共通の通貨（ユーロ）を使うことになっています。しかし、英国やスウェーデンなど一部の国々ではユーロが導入されていません。

当初は英国もユーロを導入する予定でしたが、議会の反発などの理由で見送られました。その後も、ギリシャやポルトガルの債務危機などの問題もあり、参加が実現していません。

そのため、今回の離脱ではそれほど大きな混乱が起きないのではないかと思われましたが、**実際はEU離脱による経済的悪影響を恐れられ、ポンドは急落**してしまいました（逆に、EUの通貨ユーロも、これまでギリシャ危機などで、対ポンドで暴落したことがありました）。

問題に直面する航空機産業

EUからの「離脱」は今回が初めてなので、それに**付随する整備も進んでいません**。

たとえば、すでにEU内での分業が成立している航空機産業は、今後大きな問題に直面するはずです。EU域内は自由通行で、関税や規制の心配がなかったので、各国間で分業し、最後にフランスで航空機を組み立ててきたのですが、英国離脱後には不便が出てくるのではないかと想定されます。

また、これまで世界の金融センターだったロンドンが離脱後どうなるかにも注目です。大陸にその代役ができる都市があるのか、あるいはパリやフランクフルトがその代わりを務めるのか、目が離せません。

イギリス与党の敗北で、さらに混迷を極める?

さらに、2017年6月に行われたイギリスの総選挙で与党が敗北してしまいました。これでEU離脱交渉がより難航するのでは、と予想されています。

現在、欧州は移民容認問題やテロ、経済的にはデフレや大銀行の経営問題などで揺れています。とはいえ、これまで世界最高水準の知性でさまざまな難局を乗り切ってきた欧州です。今後どうこの難局を乗り切るのかが注目されます。

☞ EUに参加している国は？

参加国	28ヶ国
主な目的	経済統合と政治統合
主な特徴	• 自由に移動できる • 基本的にユーロを導入する • モノ・サービスを自由に移動させられる • 共通の外交・安全保障政策

CHECK!!

☞ EU離脱は今回の英国が初めて

№2 米国の翻意で、「TPP」は今後どうなる？

いったん米国のTPP離脱が決定していたが……

2017年にトランプ氏が米国大統領に就任したことで、**米国のTPPからの離脱が決定**しました。

もともと日本がTPPに参加決定したのは、米国からの強い圧力でした。米国からの厳しい追い立てのなか、やっとの思いで交渉が妥結し、国会で強行採決までしていたのですから、まさに米国の肩すかしにあったような格好です。

そもそも、**TPPとは自由貿易協定でできるだけ関税障壁を下げて、貿易を促進する**というのが建前です。関税の撤廃により肉や野菜などの農作物や乳製品が安くなる、貿易の自由化により自動車や家電などの日本製品の輸出が増大するなどのメリットが予想されていました。日本型経営の抱える非効率さ、グローバル化を阻害する要因が浮き彫りになるというメリットもあるでしょう。

政府は「GDPを約14兆円押し上げる効果がある」と試算していましたが、一方で農業や保険、医療、企業買収などの分野で米国に有利な仕掛けがあるのではないかとの根強い反対意見もありました。そのほか、安い農作物の流入により日本の農業が壊滅的なダメージを受ける、食の安全が脅かされる、関税撤廃によりデフレになるなどの懸念もありました。

トランプ大統領、TPP復帰を示唆

しかし、2018年1月のダボス会議でトランプ大統領は、TPPへの復帰を条件つきで検討することを明言しました。トランプ大統領による再度のちゃぶ台返しで、今後はどうなるのでしょうか。

あるいは、**日米二国間協定**となり、TPPよりもっと厳しい交渉が始まる可能性もあります。いずれにせよ、今後の動向から目が離せません。

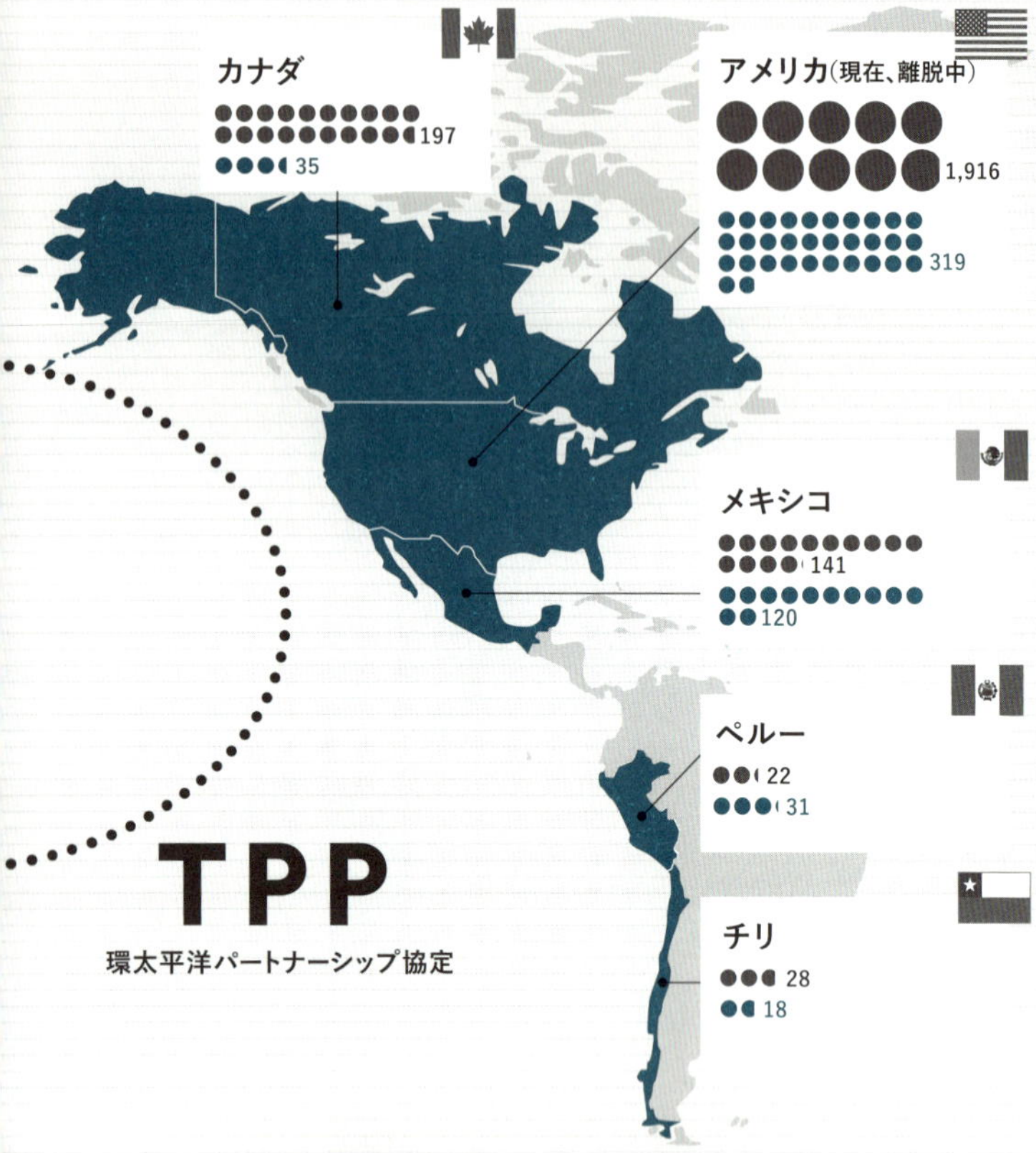

☑ TPP交渉参加12ヶ国の経済規模は3,100兆円で、世界全体の4割を占める

☑ TPP経済圏の市場規模(人口の合計)は8億人で、世界全体の1割を占める

＊出典:世界銀行データベース(基準年:GDP=2014年、人口=2014年)

☞ 米国のTPPへの態度はますます不透明に

☞ TPP(環太平洋パートナーシップ協定)とは

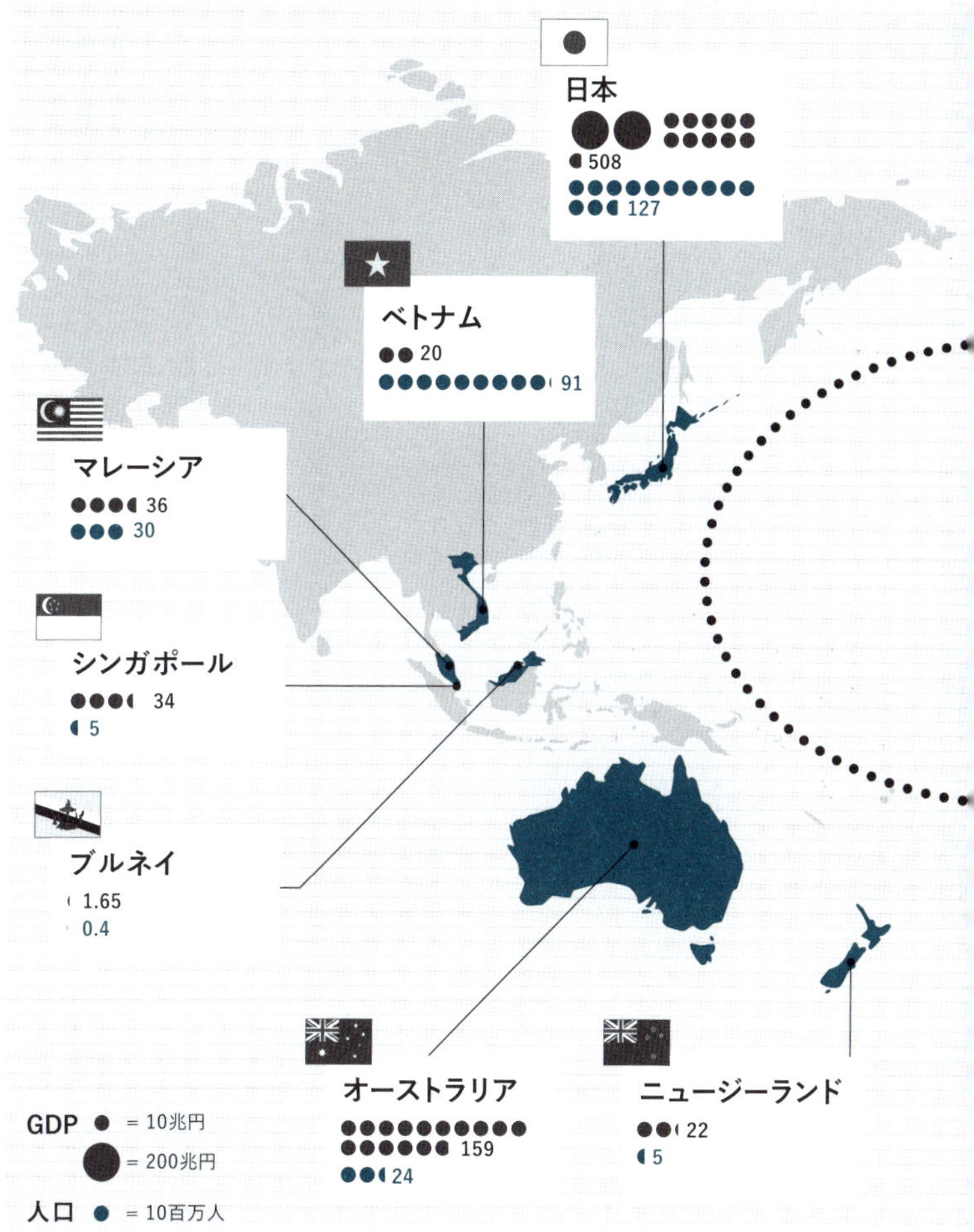

＊1ドル=110円で換算(2014年度円相場平均)　＊内閣官房TPP政府対策本部資料より

CHECK!!

☞ TPPは自由貿易協定で、貿易を促進することが目的

No 3

「ブルーオーシャン戦略」って何だ?

経営学を学んで、企業の成功と失敗の本質に迫る

経済学がインセンティブ(利潤動機)について学ぶ学問であれば、**経営学はインセンティブの刺激の仕方を学ぶ学問**です。

刺激が成功すると、企業は順風満帆となって拡大しますし、間違った判断をすると超大手企業でもあっさり消えていきます。

経営学を学ぶと、企業の成功の秘密と失敗の本質に迫ることができます。実際の生活のなかにいろいろなヒントが隠されているのが、経営学の楽しいところです。

「アンバンドル」というビジネスモデル

理容業界について考えてみましょう。理髪店に行く目的は「髪を切る」ことです。あとはないはず。では、「1000円もらって髪を切るだけ」というビジネスが成り立つのではないか。こうして成功したのが、「10分の身だしなみ」が売りの**「QBハウス」**です。

サービスをすべて分解して、本質のところを売るビジネスといえます。これを**「アンバンドル」**と呼び、QBハウスもこれにあたります。包んであったものをほどいて一部を売るという意味です。日常の生活でもアンバンドルのチャンスを発見すれば、ビジネスとして成功するかもしれません。

「ブルーオーシャン」は発想の転換から

発想を少し変えるだけで、大成功のチャンスをつかむこともあります。

たとえばメガネ。メガネは視力の弱い人が対象の商品です。ここで発想の転換です。視力の弱くない人やコンタクトの人にメガネを買ってもらえば、市場は倍になるのではないか？

この発想で急拡大したのが**「JINS」**です。パソコン・スマホから出るブルーライトをカットする機能的なメガネが大ヒットしました。

目のいい人にメガネを販売するのは、サメのいない海で気持ちよく泳ぐようなもので、これを**「ブルーオーシャン戦略」**といいます。競争の激しいところで消耗戦を繰り広げるよりも、サメのいない青い海でのびのびと稼げ、ということです。

かつて、この「ブルーオーシャン戦略」の考え方は一世を風靡し、この考え方を紹介した本がベストセラーとなりました。

もちろん、ブルーオーシャンにも時間がたてばサメが次々と集まってきて、血の海となるのが難しいところではあります。

☞ ブルーオーシャン戦略とは

レッドオーシャン

ライバルの多い市場で消耗戦を繰り広げること。
サメがウヨウヨいる真っ赤な血の海にたとえている

ブルーオーシャン

ライバルのいない市場でオリジナリティの高い
商品・サービスを提供すること。
サメのいない海で快適に泳ぐことにたとえている

CHECK!!

☞ **ブルーオーシャンとは、まだ開拓されておらず
ライバルがいない市場のこと**

No 4

「DC年金」について説明できますか？

米国の年金制度をヒントにつくられた

20歳以上の人は、国民年金か厚生年金に加入していることと思います。

以前はこの2つが「年金」の代表でしたが、最近は**「DC年金」（確定拠出年金）**にも加入する人が増えています。

日本のように平均寿命が延び続けると**「長生きリスク」**が生じます。本来は喜ばしいことのはずですが、老後、資金不足で困窮するリスクがあり、年金を支払う側にもリスクがあるということです。本人のリスクも深刻ですが、企業や保険会社の困惑は相当なものでしょう。

そのため、米国で採用されていた制度をヒントにつくられたのが**「DC年金」**なのです。

自己責任でリスクをとるのが原則

まず、従来型の年金についておさらいしましょう。従来は保険料を支払うことで国（企業年金は企業）が運用し、定年退職後から年金を支給する仕組みでした（**確定給付型年金**）。しかし、現在の低金利や長い平均寿命などが原因で、特に大企業の企業年金は制度を支えることが難しくなってしまいました。

一方、DC年金の場合、資金の運用は自己責任で行います。つまり、**年金額が自分の努力の結果で決まる**わけです。

また、一定の要件を満たせば、離転職に際して、年金資産の持ち運びができるというメリットもあります。

わが国では、個人の金融資産の半分強が現預金と言われています。元本を割らない安心感はありますが、とはいえ低金利時代では資産運用の効果が期待できません。そのため、確定拠出年金（支払い額は決まっているが年金額は未定）では**基本的に、株式を適度に組み込んだ分散投資が王道になります**。

長い間、日本的経営、日本株式会社といわれるシステムのもと、労働者は企業に勤め、一流企業などでは60％が社内結婚でした。女性は結婚後退職し、夫が60歳の定年を迎えたら、公的年金、さらに大企業の場合には定額の企業年金が終身で支給されるシステムができていました。

現在は、グローバルスタンダードや成果主義という美名のもとに、さまざまなシステムがなくなりました。確定拠出年金は、投資対象をうまく選択できればいい制度でしょう。投資について学ぶ絶好のチャンスにもなります。

あくまで自己責任ですが、リスクをとれば40年後、花は咲くはずです。

☞ DC年金のメリット・デメリット

主なメリット

- 加入者個人が運用の方法を決めることができる
- 経済・投資等への関心が高まる
- 運用が好調であれば年金額が増える
- 一定の要件を満たせば、離転職に際して年金資産の持ち運びが可能

主なデメリット

- 投資リスクを各加入者が負う
- 老後に受け取る年金額が事前に確定しない
- 運用するために一定の知識が必要
- 運用が不調であれば年金額が減る

CHECK!!

☞ DC年金の運用方法は、加入者が決める

№ 5

百貨店から「GMS」、その次にくるものは？

小売業の始まりは日本だった

私たち消費者が日常生活で大変お世話になっている小売業では、ときどき**カテゴリーキラー**（圧倒的な品揃えや価格を武器にする大型専門店）や**ゲームチェンジャー**（世の中を大きく変える存在）が現れ、ビジネスのスタイルを変えています。

小売業の始まりは日本です。経営学者フィリップ・コトラーのマーケティングの定番教科書には、江戸時代、**日本橋の越後屋（三越）**で正札現金販売が始まったと書かれています。

その後、フランスで平均的サイズの各種スーツやオーバーを注文もないのにつくって顧客に販売したのが、デパート・百貨店の始まり。この方式の小売りは世界を席巻し、**1970年代まで最も重要なチャネル**でした。しかし今では日本の百貨店は見る影もなく、売上の減少と廃業のニュースが続いています。

GMSの興亡、そしてネット通販の隆盛

デパートの次に台頭したのが、ダイエーやイトーヨーカドーに代表される**GMS（総合スーパー）**です。日本各地で誕生し、急成長しました。外国でも同時期に、GMSがEDLP（everyday low price）をモットーに成長してきました。

わが国のGMSは、コンビニなどの新業態を生み出しながらも生き延びてきましたが、雲行きはあやしい面があります。1997年の業界売上17兆円をピークに、少しずつ減少トレンド。今では13兆円程度にとどまっています。

GMSの次に売上が高いのが**コンビニ**で、12兆円規模です。

そして、小売業のこれからの主役になりそうなのが、**ネット通販**です。

2017年には、ネット通販3社（楽天、ヤフー、アマゾン）の売上が百貨店のそれを上回りました。今後、どこまで売上を伸ばしていくか、楽しみなところです。

ネット通販の拡大が加速している

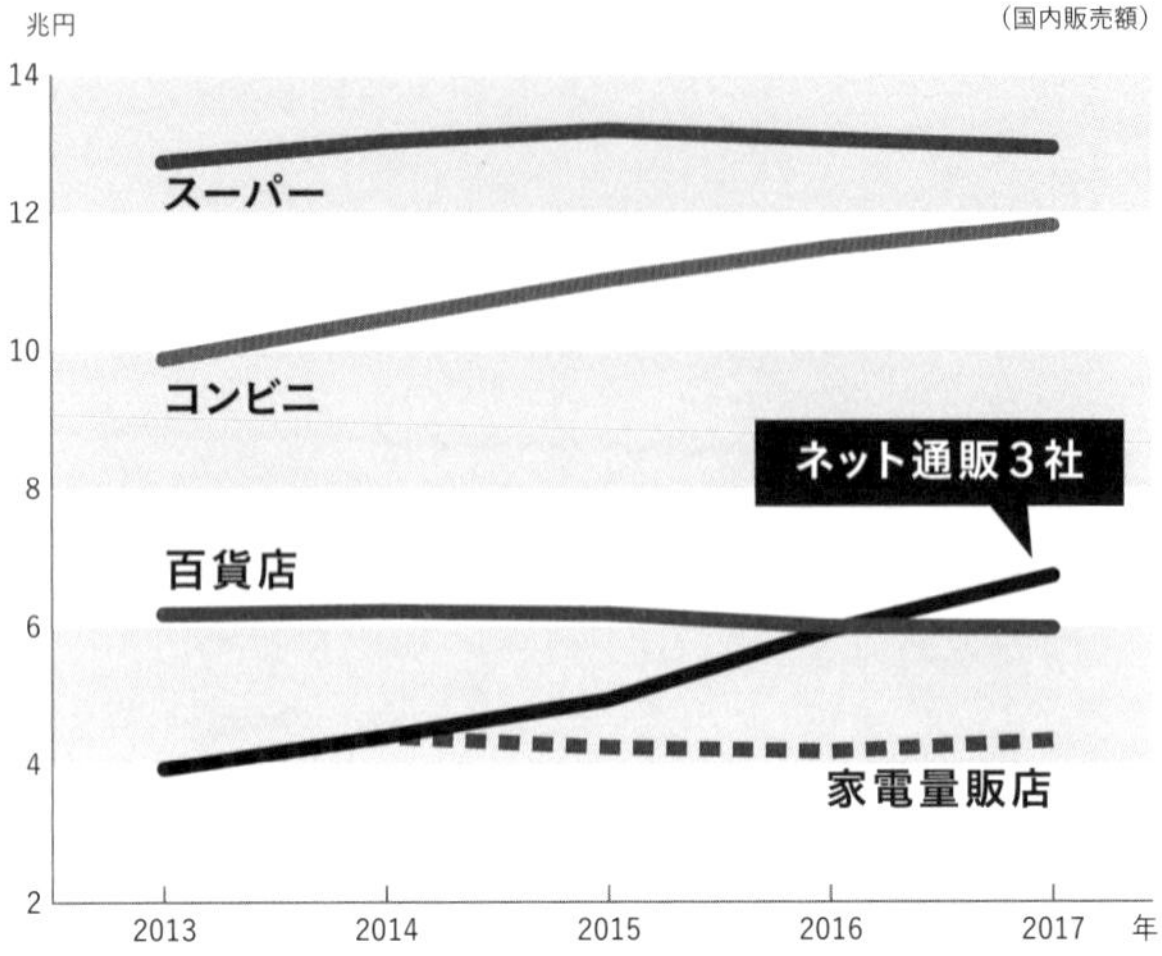

(注)アマゾンは1ドル=105円で換算、日本百貨店協会、日本チェーンストア協会、経産省調べ

2016年以降は大手3社の販売額は2ケタの伸び

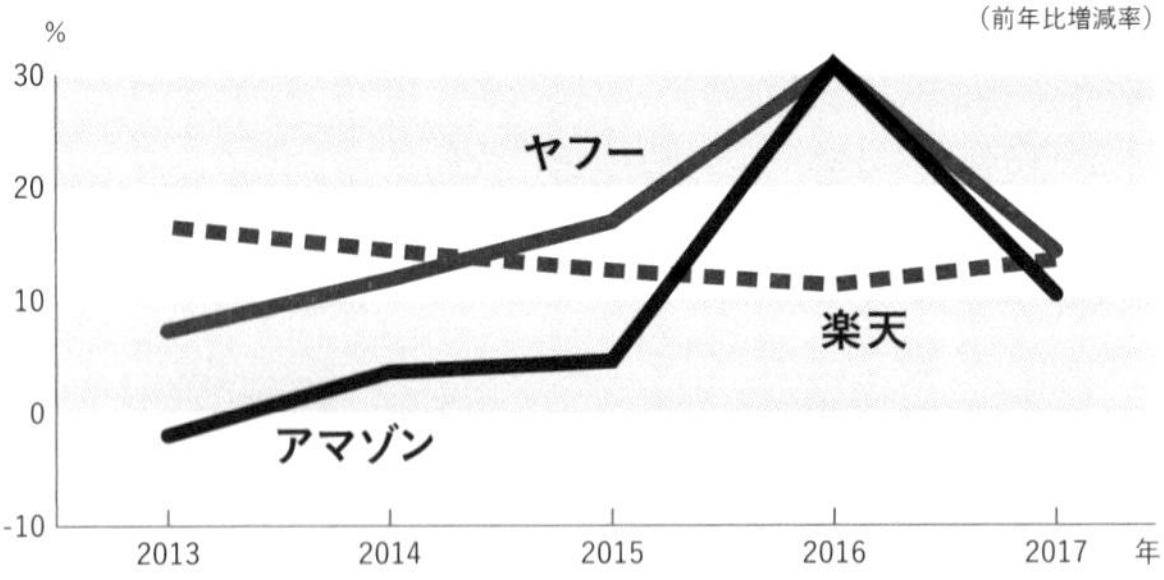

(注)楽天とヤフーは取扱高、アマゾンは売上高

＊日本経済新聞2018年2月18日付朝刊より

☞ ネット通販3社の売上が百貨店を上回るように

☞ 小売業の売上はどう変化している？

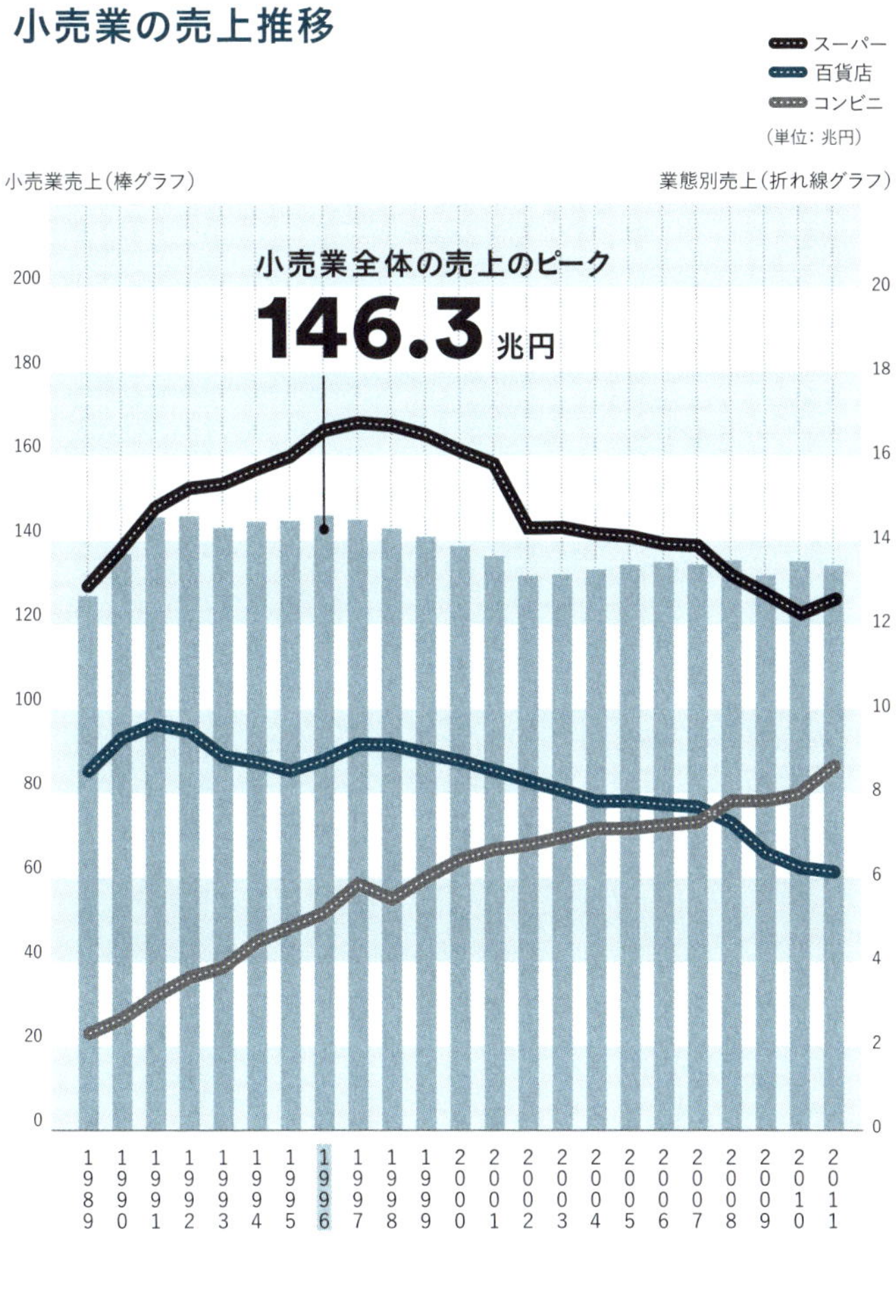

＊出所：商業販売統計、チェーンストア販売統計、全国百貨店売上高概況、コンビニエンスストア統計調査月報

＊経済産業省「第１回 産業構造審議会 流通部会 審議用参考資料」より

CHECK!!

☞ 百貨店、総合スーパーは売上が下がりつつある

No 6

「ビットコイン」って、どういう仕組みなの？

ビットコインの価値は、1年で9倍に！

最近、新聞によく登場するようになった仮想通貨。儲かりそうなので一口という人も多くなったあたりで、大量流出事件が起こり暴落してしまったのは記憶に新しいところです。仮想通貨の中でもいちばん有名なのが、２００９年に生まれた「ビットコイン」でしょう。２０１７年初は１ビットコイン＝約12万円でしたが、**２０１８年２月現在で約１１０万円と、その価値は約９倍になっています。**

電気とコンピュータと労力でできた仮想通貨に実体価値はなく、交換価値だけがあります。すなわち、供給量が決まっているので、欲しいと思う人の数が増加すれば、価格は何倍にも上昇する可能性を秘めているのです。その逆もありえます。

ビットコインを手に入れるには、自分で購入する、誰かに送金してもらうほか、「マイニング」という方法で掘り当てることができます。参加者全員が知ることができる、いわばデータの暗号カード（**ブロックチェーン**）をつないだ者が、採掘者としてビットコインを得られるというものです。金鉱山で金を採掘するのと同じで、成果は運頼みでもあります。

海外に送金するのに便利

ビットコインの利点は、**ITインフラの発達で、世界中どこでも移動できる**ことです。そもそも、リーマンショック後の通貨危機で、ギリシャやキプロスに留め置かれた資金を引き出す手段として使ったのがビットコインだったそうです。政府や中央銀行のご加護はないものの、それなりに使い勝手がよかったのでしょう。

今後のことはわかりませんが、今回の事件や暴落で通貨当局は監視や介入をすべきとの意見が出ている一方、当局側も自らうまく使える方法はないかと興味を示しているのが現状です。まだ結論は出ませんが、いまは兌換《だかん》紙幣（金銀との引き換えが保証されている紙幣）、不換紙幣に次ぐ新しい通貨革命の最中なのかもしれません。

ブロックチェーンの仕組み

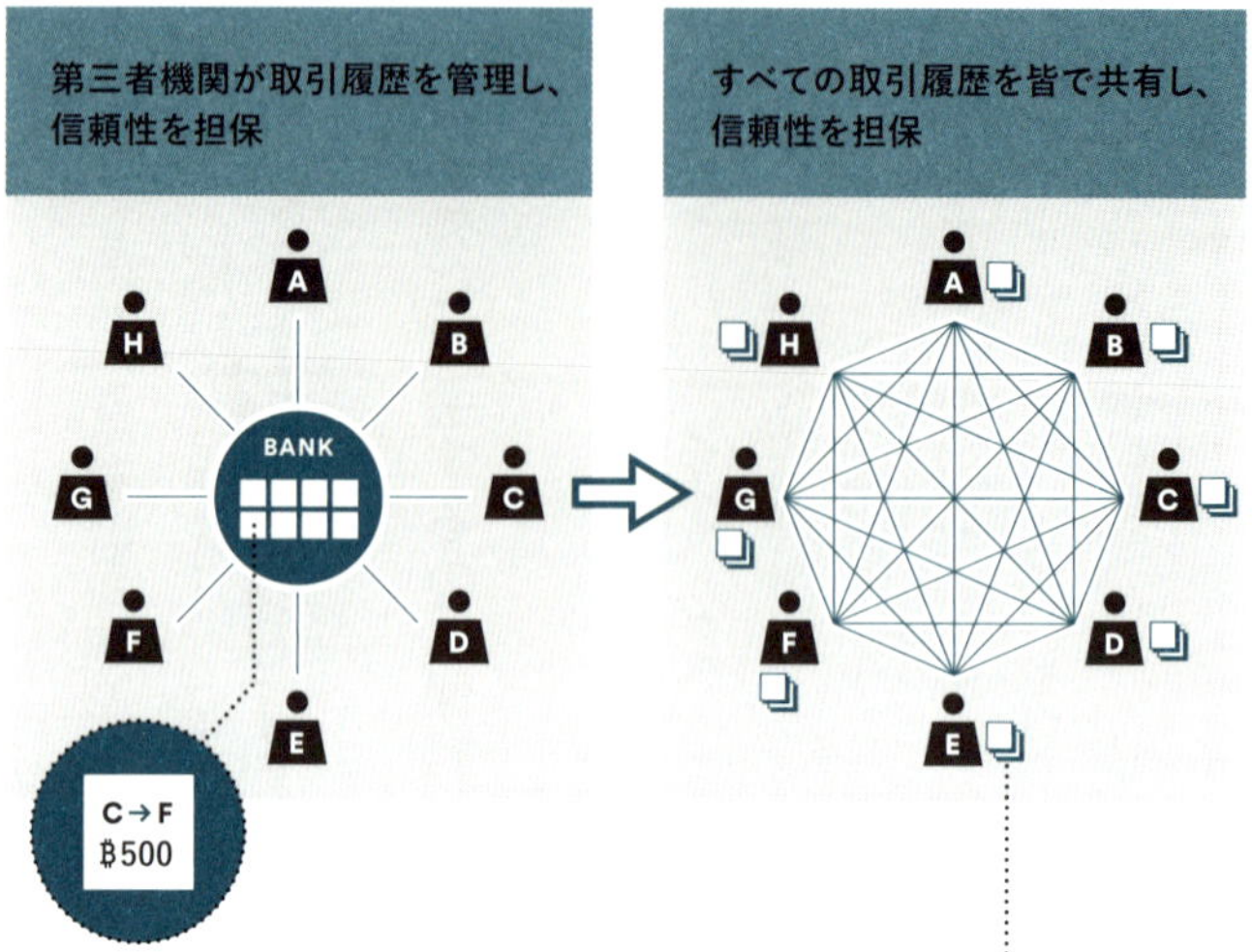

ブロックチェーン

各取引履歴は、順番にブロックに格納。
各ブロックが、直前のブロックとつながっているため、改ざんが極めて困難

出典：経済産業省「ブロックチェーン技術を利用したサービスに関する国内外動向調査」

☞ **ビットコインは世界の利用者に直接送金できる**

☞ ビットコイン価格の推移

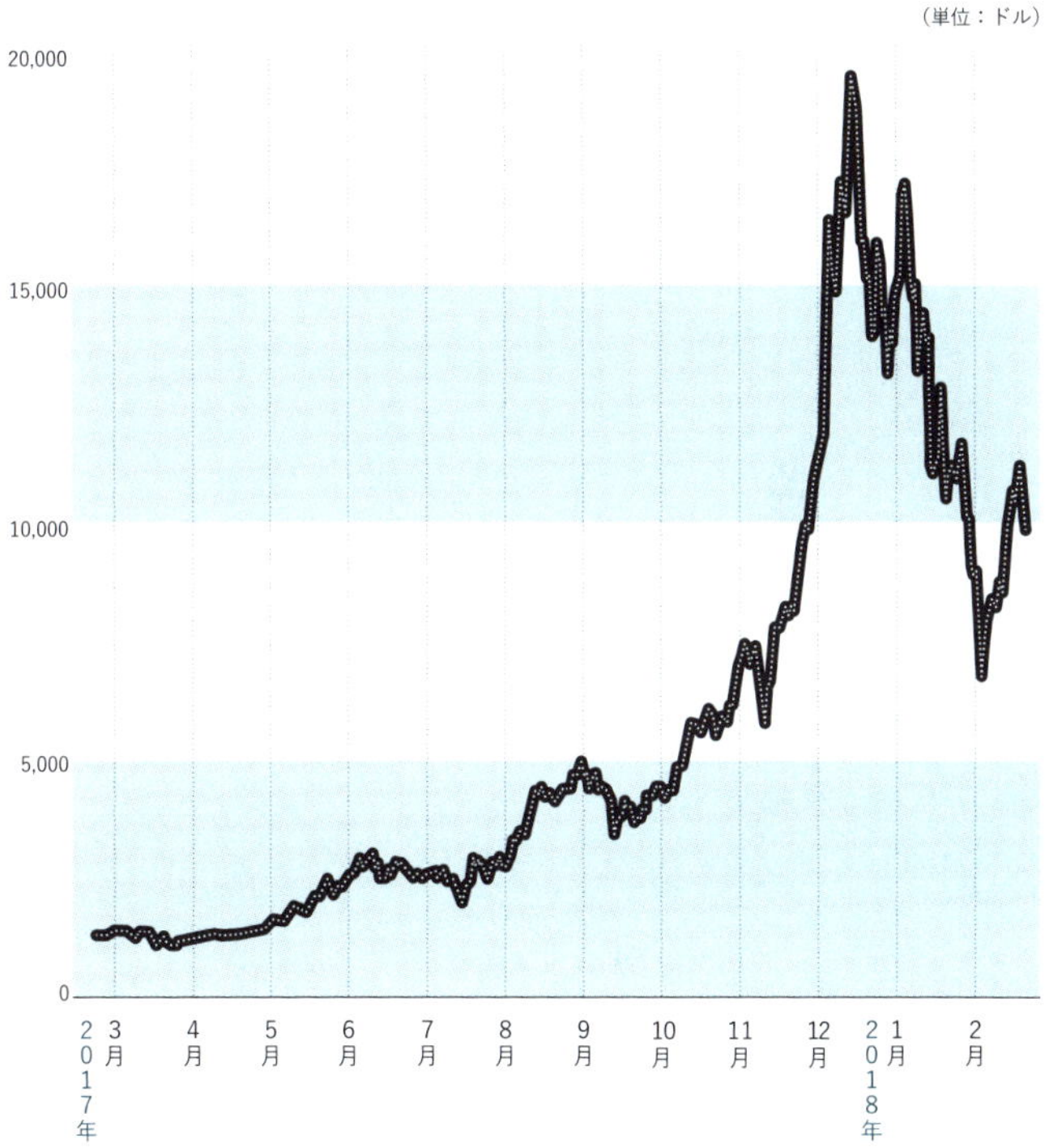

2017年12月には一時最高1万9,000ドルに迫ったが、大量流出事件により8,400ドルまで下落。現在は1万ドルまで値を戻している。

出典：Blockchain “https://blockchain.info/ja/charts/market-price”

CHECK!!

☞ 直近の1年間でビットコインの価値は9倍に

№7 「ＥＶ」は、自動車の主流になるか？

テスラ、時価総額で全米業界首位に！

さて問題です。「ＥＶ」とは、何の略でしょう？

エレベーター？　残念！　それも合っていますが、ここでは「電気自動車」（Electric Vehicle）の話をします。

子どものころ、「豆自動車」といわれ、ペダルを踏むと走る車があったのを覚えている人もいるでしょう。ゴルフ場のカートも同様です。ＥＶは昔からあったということです。

最近、環境に優しいということで、にわかに脚光を浴びはじめ、自動運転車とともに、主要産業の柱である自動車産業を大きく左右すると言われるようになってきました。英仏では、２０４０年までにガソリン車やディーゼル車の販売を禁止するという話もあります。

今のところ、電気自動車の象徴はイーロン・マスクが率いる**「テスラ」**という会社です。テスラの生産台数は現在のところ微々たるものですが、時価総額ではGM、フォードを抜いて、**すでに自動車業界で全米1位**（510億ドル、約5兆5000億円）。世界第5位のホンダに肉薄しています。

EVの普及により、税収はどうなる？

年間9400万台近い世界新車販売のうち、現在、環境対応車はほんの数パーセントです。その中でも、電気自動車はコンマ以下ぐらいのものですが、今後20年で過半の新車が環境対応車になれば、その半数は電気自動車となることが想定されるようです。

日本勢も当然、電気自動車を視野に入れているのでしょうが、既存技術の蓄積があまりにも大きいので電気自動車だけに突進することができないのだと思います。

一方、電気自動車用の電気を起こすのに、さらにCO_2が出てしまうのではないかという議論があり、**年間数兆円の揮発油税収が、ガソリン車やディーゼル車が消えることによって大きく減少してしまう**というのも痛し痒しな話です。

EV / PHV / PHEV
世界での販売台数ランキング TOP10

	2016年累計	前年比	2015年累計
1位 Nissan Leaf(日本)	51,882	118.3%	43,870
2位 Tesla Model S(米国)	50,944	99.1%	51,390
3位 BYD Tang(中国)	31,405	170.9%	18,375
4位 Chevrolet Volt(米国)	28,296	161.6%	17,508
5位 Mitsubishi Outlander PHEV(日本)	27,322	63.2%	43,259
6位 BMW i3(ドイツ)	25,934	107.7%	24,083
7位 Tesla Model X(米国)	25,299	—	—
8位 Renault Zoe(フランス)	22,009	116.8%	18,846
9位 BYD Qin(中国)	21,868	68.6%	31,898
10位 BYD e6(中国)	20,610	—	—

出典:兵庫三菱発信編集局ニュース(Webサイト)より

☞「テスラ」は、時価総額ですでにGMを抜いている

☞ EVでは「テスラ」が快進撃を見せている

世界の自動車企業時価総額ベスト10

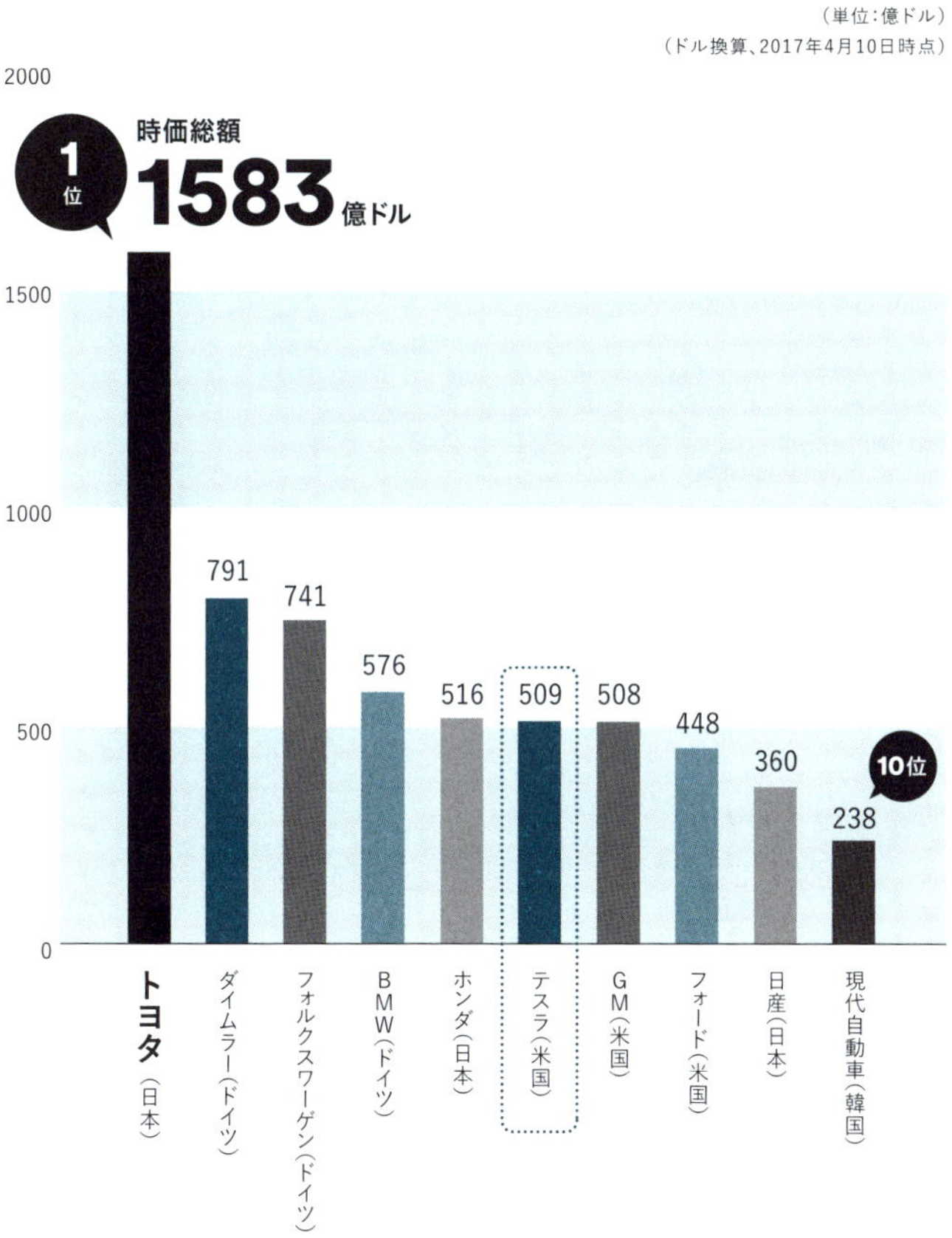

出典：https://zuuonline.com/archives/146877　の内容を図表化

CHECK!!

☞ 電気自動車の今後は、「テスラ」に要注目

経済知識を試すドリル その2

Q1.	EU離脱を試みた国はイギリスが何ヶ国目?	A 1ヶ国目 B 2ヶ国目
Q2.	TPPの主な目的は何?	A 自由貿易を促進すること B 穀物自給率を上げること
Q3.	ブルーオーシャン戦略の意義は?	A ライバルが少ない市場で戦える B ライバルに打ち勝つ強い会社になれる
Q4.	DC年金がこれまでの年金と決定的に違う点とは?	A 自己責任が求められる B あらかじめ受取額がわかっている
Q5.	GMSの意味は?	A 製造小売業 B 総合スーパー
Q6.	ビットコインの2018年2月現在の価値は?	A 12万円 B 110万円
Q7.	電気自動車で全米1位の会社は?	A テスラ B GM

答え　Q.1／A→154ページ　Q.2／A→158ページ　Q.3／A→162ページ　Q.4／A→166ページ
Q.5／B→170ページ　Q.6／B→174ページ　Q.7／A→178ページ

図解　とりあえず日経新聞が読める本

発行日
2018年　3月25日　第1刷
Author
山本博幸
Art Director
北田進吾（キタダデザイン）
Designer
北田進吾、堀由佳里
Illustrator
ジュン・オソン
Publication
株式会社ディスカヴァー・トゥエンティワン
〒102-0093　東京都千代田区平河町2-16-1 平河町森タワー11F
TEL 03-3237-8321（代表）FAX 03-3237-8323　http://www.d21.co.jp
Publisher
干場弓子
Editor
三谷祐一
編集協力：野村佳代　青木啓輔（株式会社アスラン編集スタジオ）
Marketing Group Staff
小田孝文　井筒浩　千葉潤子　飯田智樹　佐藤昌幸　谷口奈緒美　古矢薫
蛯原昇　安永智洋　鍋田匠伴　榊原僚　佐竹祐哉　廣内悠理　梅本翔太
田中姫菜　橋本莉奈　川島理　庄司知世　谷中卓
Productive Group Staff
藤田浩芳　千葉正幸　原典宏　林秀樹　大山聡子　大竹朝子　堀部直人
林拓馬　塔下太朗　松石悠　木下智尋　渡辺基志
Global & Public Relations Group Staff
郭迪　田中亜紀　杉田彰子　倉田華　李瑋玲　連苑如
Operations & Accounting Group Staff
山中麻吏　小関勝則　奥田千晶　小田木もも　池田望　福永友紀
Assistant Staff
俵敬子　町田加奈子　丸山香織　小林里美　井澤徳子　藤井多穂子
藤井かおり　葛目美枝子　伊藤香　常徳すみ　鈴木洋子　内山典子
石橋佐知子　伊藤由美　小川弘代　越野志絵良　小木曽礼丈　畑野衣見
Proofreader
株式会社鷗来堂
DTP
朝日メディアインターナショナル株式会社
Printing
大日本印刷株式会社

本書は、2016年3月に出版した『社会人1年目からのとりあえず日経新聞が読める本』（小社刊）を図解化したコンビニ版『図解　とりあえず日経新聞が読める本』（同）を、内容加筆・アップデートのうえ、四六判に再編集したものです。

ISBN978-4-7993-2247-5